2020年温州市高层次人才特殊支持计划文化类高水平创新团队
"温州金融数据开发和风险评估"

国家社会科学基金重大项目"中国地区金融风险指数构建与应用研究"
（课题批准号：18ZDA093）

温州市地区资产负债表
和资金流量表编制与分析

2022

汪占熬 郑成思 杨福明 邢宏洋 刘慧慧

等著

中国财经出版传媒集团

经济科学出版社

Economic Science Press

·北 京·

图书在版编目（CIP）数据

温州市地区资产负债表和资金流量表编制与分析.
2022/汪占熬等著. -- 北京：经济科学出版社，
2024.1

ISBN 978 - 7 - 5218 - 5607 - 1

Ⅰ.①温…　Ⅱ.①汪…　Ⅲ.①资金平衡表 - 编制 - 温
州 - 2022②现金流量表 - 编制 - 温州 - 2022　Ⅳ.
①F231

中国国家版本馆 CIP 数据核字（2024）第 042268 号

责任编辑：周国强
责任校对：王肖楠
责任印制：张佳裕

温州市地区资产负债表和资金流量表编制与分析（2022）

WENZHOUSHI DIQU ZICHAN FUZHAIBIAO HE ZIJIN
LIULIANGBIAO BIANZHI YU FENXI（2022）

汪占熬　郑成思　杨福明　邢宏洋　刘慧慧　等著
经济科学出版社出版、发行　新华书店经销
社址：北京市海淀区阜成路甲 28 号　邮编：100142
总编部电话：010 - 88191217　发行部电话：010 - 88191522
网址：www. esp. com. cn
电子邮箱：esp@ esp. com. cn
天猫网店：经济科学出版社旗舰店
网址：http://jjkxcbs. tmall. com
固安华明印业有限公司印装
710 × 1000　16 开　14. 5 印张　230000 字
2024 年 1 月第 1 版　2024 年 1 月第 1 次印刷
ISBN 978 - 7 - 5218 - 5607 - 1　定价：86. 00 元
（图书出现印装问题，本社负责调换。电话：010 - 88191545）
（版权所有　侵权必究　打击盗版　举报热线：010 - 88191661
QQ：2242791300　营销中心电话：010 - 88191537
电子邮箱：dbts@ esp. com. cn）

序 言

　　本书是温州商学院申报的温州市创新团队"温州金融数据开发和风险评估"的最终成果。2018 年温州商学院成功申报国家社会科学基金重大项目"中国地区金融风险指数构建与应用研究",本书也作为这一重大项目的一个重要组成部分。温州市民营经济发展在全国起到"领头羊"作用,2012 年 3 月国务院批准在温州市设立全国首个金融综合改革试验区,要求温州在十二个方面大胆先行先试,形成可复制、可推广的改革经验。本书以温州金融实践为研究对象,具有领先一步的地缘优势。从理论和实践背景看,本书不仅为温州市政府、企业和居民服务,也可为全国其他地区的金融数据开发和风险评估服务。

　　作为国家社会科学基金重大项目的一个组成部分,本书要具有理论和方法的先进性,要达到国内外这一课题研究的最前沿,并有所突破,有所创新。

　　2008 年国际金融危机爆发后,国际和国内经济学界越来越重视资产负债表研究,把资产负债表作为了解金融状况和测度金融风险的一种基本工具,认为它有助于摸清"家底"和揭示风险。党的十八届三中全会通过的《中共中央关于全面深化改革若干重大问题的决定》提出,"加快建立国家统一的经济核算制度,编制全国和地方资产负债表"。2017 年 6 月 26 日,习近平总书记主持中央全面深化改革领导小组召开了第三十六次会议,审议并通过了多个文件,其中包括《全国和地方资产负债表编制工作方案》。会议指出,编制全国和地方资产负债表,为提高宏观调控科学性、有效性提供统计服务保障。2017 年 10 月 31 日，国家统计局网站发布《国家统计局有关负责人就国务院办公厅印发〈全国和地方资产负债表编制工作方案〉有关问题答记者问》，指出："全国和地方资产负债表能够反映某一特定时点上资产和负债的总量、分布和结构，包括政府、居民、企业、金融机构等机构部门的资产负债信息，是摸清'家底'，揭示风险，服务政府管理的重要工具。""三是地方资产负债表基础资料缺口更大，机构部门划分和编制更为困难，跨地区交易难以统计。地方资产负债表应在全国资产负债表的基础上，对资产负债项目和机构部门分类进行简化。据了解，编制地方资产负债表是一个世界性的难题，目前仅加拿大编制了地方政府部门的资产负债表，其他国家还没有编制地方资产负债表。""上述问题需要我们进一步研究和探索，从理论上把编表的要求和方法搞清楚，从实践上既要借鉴其他国家的先进经验，又要积极探索，逐步解决编制过程中遇到的困难。"目前，国家统计局和一些省市统计局编制了资产负债表，但均没有公开。

我们在国家金融与发展实验室理事长李扬教授、实验室主任张晓晶教授、实验室高级研究员刘磊教授和实验室其他研究人员的指导和帮助下，将国家金融与发展实验室编制国家资产负债表的方法经过一定调整改造，从国家层面运用到地区层面，编制了温州市资产负债表。

资产负债表反映存量问题，没有涉及流量问题。流量比存量变化更为敏感，反映金融风险更为及时，如收不抵支就是一种流量金融风险，在居民、企业、政府等部门的当月收支情况中就能反映出来。特别在存量和流量转化上也存在金融风险，如收不抵支的风险可以通过出售存量资产来消除，若不能及时售出存量资产，又不能借新债还旧债，金融风险就会爆发。因此，我们认为资金流量表揭示了流量的风险情况，如可以依据其观测资金流是否存在断裂的可能。故我们有必要在资产负债表的基础上，加上资金流量表，形成一种既能考察存量也能考察流量及其互相转化的新理论框架，用以测度各部门的存量和流量风险，以及存量、流量转化间的风险。

如果说编制地区资产负债表是一个世界性难题，那么编制地区资金流量表就更是一个世界性难题，数据缺口更大，故目前国家统计局没有编制地区资金流量表的计划。我们要同时编制温州市的资产负债表和资金流量表，工作量之大，难度之大，数据收集与计算之繁杂，要克服问题之多，完成任务时间之紧，是不难想象的。但我们群策群力，在国家金融与发展实验室上述专家的热心指导、大力帮助和共同研究下，共克难题，终于完成了这一难以完成的任务，为温州市金融数据开发和风险评估提供了一个颇具特色也颇有难度的基础。当然，我们编制的温州市资产负债表和资金流量表，只是解决了"有与无"的问题，还需未来继续改进与提高。

要指出的是，我们编制温州市资产负债表的方法相对比较成熟。因为国家金融与发展实验室有十余年编制国家资产负债表的经验，可供我们继承和参考。相对而言，我们编制温州市资金流量表没有成熟的经验可借鉴，数据缺口也更大。我们在该实验室专家指导与合作研究下，摸索出一套编制温州市资金流量表的方法。这套方法虽然不如温州市资产负债表编制方法成熟，但属于国内外首创，具有开拓性意义。因此，在形成重大分析结论时，我们以温州市资产负债表数据为主，以温州市资金流量表数据为辅。我们还会进一步完善这两张表的编制方法，特别是资金流量表编制方法。

我们编制的温州市资产负债表和资金流量表，属于科研工作，与统计局编制资产负债表和资金流量表有所不同。我们对统计缺失数据可以进行合理推导，而统计局就更倾向于新增统计内容以弥补缺失数据。这也可能是国家统计局和省市统计局因为缺失数据太多而没有公布资产负债表的一个原因吧！

我们以温州市资产负债表和资金流量表为工具，系统开发和整理温州市金融数据，依据这些数据对温州市的金融状况和风险做了大量的研究、分析和评估工作。我们的这些研究结果，供温州市政府、企业和居民参考，也供全国其他地区相关机构和人员参考。

在此，我们要感谢温州市政府的有关人员，特别是温州市统计局副局长高顺岳等专家，他们应我们的邀请，负责编制了第一张温州市资产负债表，为编制温州市资产负债表开辟了道路，积累了经验，发现和解决编表中的一些问题，为我们编制温州市资产负债表提供了极大帮助。我们也要感谢温州市政府和温州创新团队的各位评审专家，本创新团队得以立项并获得资金支持。我们将不辜负温州市政府和各位专家的期望，再接再厉，不断完善温州市资产负债表和资金流量表的编制工作，努力提高我们的分析水平，继续出版新的温州市金融分析报告，更好地为温州市政府、企业和居民服务。

李拉亚

2023 年 10 月 7 日

目　录

第三篇

专题报告

第一篇
温州市资产负债表和资金
流量表总报告

第一章

地区资产负债表和资金流量表的编制

地区资产负债表和资金流量表的编制主要包括部门界定、科目界定和编制方法三个方面。根据国民经济核算的基本原则，二者均包含居民部门、金融部门、非金融企业部门、政府部门和对外部门五个部门。地区资产负债表和资金流量表的科目界定和编制方法分别以中国国家资产负债表和中国国家资金流量表的编制框架为基础展开。

第一节　部门概念界定

一、居民部门

居民部门包括常住人口和生产单位中的个体工商户。常住人口指全年经常在家或在家居住 6 个月以上，而且经济和生活与本户连成一体的人口。外出从业人员在外居住时间虽然在 6 个月以上，但收入主要带回家中，经济与本户连为一体，仍视为家庭常住人口。但是现役军人、中专及以上（走读生除外）的在校学生都不算家庭常住人口。

二、非金融企业部门

资产负债表是以"属地原则"编制的，即地区常住单位都纳为资产负债表的编制对象。所以，所有在本地区常住的非金融企业（不含金融机构）都纳入此地区的非金融企业部门，非金融企业既包括地区的法人企业单位，也包括非法人企业，例如，区域外企业在本地区的分支机构。

三、金融机构部门

金融机构部门的统计同样按照属地原则，包括当地法人金融机构及区域外金融机构在当地分支机构。具体来讲，金融机构包括中国人民银行、政策性银行、商业银行、非银行类金融机构，而非银行类金融机构包括信托投资公司、证券公司、保险公司、公募基金、私募基金、小额贷款公司、P2P平台、保理公司、财富管理公司、财务公司、金融租赁公司等（李扬等，2020），或者说只要是从事金融业务但不属于金融的，都归入非银行类金融机构。所以，地区金融机构部门统计口径除了本地区各类从事金融业务的金融机构外，还包括央行、政策性银行、各类商业银行和非银金融机构在本地分支机构。

四、政府部门

资产负债表中的政府部门是大政府的概念，既包括行政事业单位，也包括社会团体组织，例如，各类协会、慈善机构、社保基金等。

五、外部部门

所研究地区主体与区域外主体所发生的一切联系都纳入外部部门中，外部主体包括省外主体和境外主体。

第二节　资产负债表科目界定和编制方法

一、科目界定

对于现金、存款、贷款、存款准备金、中央银行贷款、住房、私人汽车、固定资产、存货和在建工程的概念，本书不做介绍，其概念的界定可参考《温州统计年鉴》《温州经济普查年鉴（2018）》，以及证券业协会或地区金融稳定运行报告。接下来，本书对债券、股票及股权、保险准备金、资管产品的概念进行明确。

（一）债券

债券是政府、企业、金融机构等经济主体为筹集资金，而向债权人发行的、承诺在规定日期内还本付息的有价证券，它是债务主体的一种直接融资方式。从发行品种上来说：企业发行的债券包括公司债、企业债、可转债、可交换债、短期融资券、中期票据、定向工具、资产支持证券；金融机构发行的债券包括金融债券和同业存单，但是由于同业存单是金融机构内部间的金融交易，其交易体现的是金融机构部门资产与负债的同时增加，本书暂不将同业存单纳入金融机构部门发行的债券中；地方政府发行的债券为地方政府债。

（二）股票及股权

股票和股权是股东持有的企业所有者权益。其中，股票是上市公司在筹集资金时向出资人发行的股份凭证；股权是投资人根据持股比重原则所拥有的对企业财产的支配权和分配权。理论上讲，股权的统计包括了上市公司和非上市企业的所有者权益，但是在实际中，各地区统计局都采取历史成本法来统计企业的股权账面价值，因此其股权的统计中未包含上市公司的市场溢价部分。所以，本书指的股票及股权包括两个部分：一部分是温州市统计局公布的企业股权；另一部分是上市公司股权的市场溢价。

（三）保险准备金

根据不同的性质，保险分为社会保险和商业保险。社会保险是国家通过立法强制建立社会保险基金，对劳动者提供基本生活保障，不以营利为目的。商业保险是指通过订立保险合同运营，以营利为目的的保险形式，由专门的保险企业经营。所以，本书的保险准备金科目也包括两个部分，即社保基金余额和商业保险准备金。商业保险准备金是指保险人为保证其如约履行保险赔偿或给付义务，根据政府有关法律规定或业务特定需要，从保费收入或盈余中提取的与其所承担的保险责任相对应的一定数量的基金，包括未到期责任准备金、未决赔款准备金、总准备金，以及寿险责任准备金。

（四）资管产品

资产管理业务是指银行、信托、证券、基金、期货、保险资产管理机构、金融资产投资公司等金融机构接受投资者委托，对受托的投资者财产进行投资和管理的金融服务。金融机构为委托人利益履行诚实信用、勤勉尽责义务并收取相应的管理费用，委托人自担投资风险并获得收益。本书的资产管理产品科目是指整个资产管理行业发行的所有产品，包括商业银行非保本理财产品、信托公司资金信托计划、保险公司资产管理、公募基金、非公募资产管理计划、私募基金。

二、地区资产负债表基本框架

根据《2008 年国民经济核算体系》（SNA 2008），借鉴中国国家资产负债表的研究框架（李扬等，2013，2018，2020），本书设计了地区资产负债表的基本框架，见表1-1。本书设计的基本框架在一些科目上与国家资产负债表存在差异：第一，出于特殊目的，国家资产负债表将外商直接投资单列为一个科目，我们不进行单列，外商直接投资的资产负债数据将反映在股票及股权的国外部门中；第二，对于外部部门，地区资产负债表除了要反映出地区与国外间的资金流动外，还需要反映出其与其他地区间的资金流动情况，所以地区资产负债表的外部部门包括了省外主体和国外主体。地区资产负债表中的恒等关系为：

$$内部资产 = 居民资产 + 非金融企业资产 + 金融机构资产 + 政府资产 \tag{1-1}$$

$$外部资产 = 国外资产 + 省外资产 \tag{1-2}$$

$$内部负债 = 居民负债 + 非金融企业负债 + 金融机构负债 + 政府负债 \tag{1-3}$$

$$外部负债 = 国外负债 + 省外负债 \tag{1-4}$$

$$内部金融净资产 = -外部金融净资产 \tag{1-5}$$

$$金融总资产 = 金融总负债 \tag{1-6}$$

$$地区净资产 = 总资产 - 总负债 = 非金融资产 \tag{1-7}$$

$$部门资产净值 = 金融资产 + 非金融资产 - 金融负债 \tag{1-8}$$

$$部门资产 = 部门负债 + 部门净值 \tag{1-9}$$

表1-1　　　　　　　　　　　　　地区资产负债表　　　　　　　　单位：亿元

项目	居民		非金融企业		金融机构		政府		内部合计		国外		省外		外部合计		总计	
	资产	负债	资产	负债	资产	负债	资产	负债	资产	负债	资产	负债	资产	负债	资产	负债	资产	负债
金融资产/负债																		
现金																		
存款																		
贷款																		

续表

项目	居民		非金融企业		金融机构		政府		内部合计		国外		省外		外部合计		总计	
	资产	负债	资产	负债	资产	负债	资产	负债	资产	负债	资产	负债	资产	负债	资产	负债	资产	负债
存款准备金																		
中央银行贷款																		
债券																		
股票及股权																		
保险准备金																		
资管产品																		
非金融资产/负债																		
住房																		
私人汽车																		
固定资产																		
存货																		
在建工程																		
资产净值																		
资产、负债与资产净值																		

三、地区资产负债表编制方法及过程

（一）简化处理

在《国家统计局有关负责人就国务院办公厅印发〈全国和地方资产负债表编制工作方案〉有关问题答记者问》中指出"地方资产负债表基础资料缺口更大，地方资产负债表应在全国资产负债表的基础上，对资产负债项目和机构部门分类进行简化。所以，考虑到基础统计数据的缺失问题，本书在以下两个方面对地区资产负债表进行简化：

第一，对于省外主体，我们仅对其净资产进行测算。我们无法通过现有的统计资料来获得本省（市）与省（市）外主体间的经济金融往来情况，由此我们无法测算出省外主体在各个科目下的资产与负债。不过，庆幸的是，我们更感兴趣的是本省（市）与外部间的资金净流入或净流出的情况，所以我们将简化省（市）外主体的资产负债统计，仅对其净资产做出测算。

第二，部分科目的数据统计口径仅考虑法人单位，暂不考虑非法人单位。资产负债表是以"属地原则"编制的，即所有常住单位均为地区的主体单位。所以，理论上讲，所有科目的资产负债统计范围除了包括法人单位外，还包括非法人单位。但对于一些科目的资产负债，如股权、企业固定资产、企业存货，温州市统计局公布的数据统计口径往往仅包括法人单位，所以考虑到这些非法人数据获得的难度，本书对这些科目的资产负债统计口径做了简化，直接采用温州市统计局公布的数据。

（二）编制方法及难点问题解决

本书将资产负债表 14 个科目的编制方法进行归类介绍，重点介绍编制过程中存在的难点及解决方案。总的来说分为以下三类：

1. 原始数据简单加总

这类方法涉及的指标有现金、存款、贷款、存货、在建工程，以及债券负债。其原始数据可以从《温州统计年鉴》《温州经济普查年鉴》，以及万得（Wind）数据库获得。其中需要说明的有三点：

（1）内部主体持有的现金资产按照本省（市）地区生产总值的 6%、0.8%、1.04%、0.16% 进行测算，其负债主体为省外，即央行。

（2）关于非金融企业、政府部门的贷款，统计年鉴中一般只公布非金融企业和机关团体贷款之和，如何将两者拆分，是第一个难点。本书采用 2018 年《温州经济普查年鉴》提供的企业总资产与行政事业单位总资产的比例作为非金融企业贷款和机关团体贷款之间的比例。因为，温州市统计局公布了分行业的贷款数据，我们用各行业的企业与政府的总资产比例估算各行业的企业、政府贷款，最后分别汇总各行业的企业、政府贷款。

（3）万得数据库提供了各省（市）主体发行的各类债券。本书将其中的金融债作为金融机构发行的债券；地方政府债作为政府部门发行的债券；其他债券包括公司债、企业债、可转债、可交换债、短期融资券、中期票据、定向工具、资产支持证券，作为非金融企业发行的债券。境外债券根据"证券简称"汇总发债主体，一般均为非金融企业和金融机构。

2. 利用全国总数据，按照相应比例进行分配

这类方法涉及的指标有存款准备金、保险准备金、资管产品、债券、股票及股权，其中债券、股票及股权的资产按照全国总额数据进行分配，其负债来自温州市的实际数据。从地区层面来讲，我们无法从公开平台来获得这些指标数据，如何利用全国总数据来对这些指标做出估算是资产负债表编制的第二个难点。

（1）存款准备金。对于地区的存款准备金，其资产主体是温州市的金融机构，负债主体为市外部门。因为银行在央行的存款准备金是根据其存款的一定比例提取的，所以本书采用温州市的本外币存款占全国本外币存款的比例，以及全国存款准备金总额来估算温州市的存款准备金，其中全国存款准备金数据来自《中国国家资产负债表（2020）》（李扬等，2020）。

（2）保险准备金。资产负债表中的保险准备金，包括社保基金累计余额和商业保险准备金。《中国国家资产负债表（2018）》将社保和商业保险的负债主体都归为金融机构，本书也借鉴其做法。由于大比例的保险都是由居民持有的（李扬等，2018），而居民购买保险的行为与其收入水平存在一定的正相关性，所以，本书根据温州市的可支配收入占全国的比例，以及中国人民银行于资金存量表中公布的全国保险准备金，来估算温州市的保险准备金负债。

保险准备金的资产持有主体为居民部门和非金融企业部门。对于居民部门持有的保险资产，我们采用温州市可支配收入占全国的比例，以及国家资产负债表公布的居民部门的总保险资产来估算；对于非金融企业持有的保险资产，本书用温州市非金融企业的法人单位资产占全国的比重，以及国家资产负债表公布的非金融企业的总保险资产来估算。温州市非金融企业的法人单位资产的具体测算见本章第三节，下同。

（3）资管产品。资管产品包括商业银行非保本理财产品、信托公司资金信托计划、保险公司资管、公募基金、非公募资产管理计划、私募基金，由于其规模跟一个地区的法人金融机构规模呈现一定的相关性，所以，本书根据温州市的法人金融机构资产占全国的比例，以及《中国资产管理行业发展报告》中提供的全国资管产品规模，来估算温州市的资管产品规模。其中，法人金融机构资产的具体测算见本书第四章（下同）。从负债角度讲，这部分资管产品规模都形成金融机构部门的负债；从资产角度讲，这些资管产品分别由居民、非金融企业、金融机构、政府、省外部门持有。内部各主体资产持有情况可以根据国家资产负债表公布的数据按一定的比例进行分配：对于居民部门，我们按其可支配收入占比进行分配；对于非金融企业、金融机构、政府，我们按其法人单位资产占比进行分配，政府资产的具体测算见本书第四章。市外部门持有的资管产品净资产，我们用公式（1－5）进行推算，即内部金融净资产与外部金融净资产在数值上相反。

（4）债券资产。债券资产的持有主体为居民、非金融企业、金融机构、国外部门和省外部门。内部各类主体持有的债券资产测算方式与资管产品一样，即根据国家资产负债表中的全国居民、非金融企业、金融机构的债券资产，按一定比例分配：居民部门按照可支配收入比例分配，其他部门按其各自的法人单位资产比例分配。

对于温州市主体持有的国外债券资产，本书根据浙江省直接对外投资额占全国的比例，以及全国对外债券投资总额来估算得到浙江省海外债券投资额，再利用温州市居民可支配收入占浙江省居民可支配收入的比例来估算温州市海外债券投资额。商务部于《中国国际投资头寸表》中公布了我国每年对外债券投资总额数据。

（5）股票及股权资产。股票及股权资产的持有主体为居民、非金融企业、金融机构、政府、国外部门、省外部门。通过温州市第四次全国经济普查数据可以测算出温州市所有者权益的持有者情况，但对于个人、企业、政府持有的所有者权益，我们无法区分是内部主体持有还是外部主体持有，而对于境外持有的所有者权益，主体明确，所以对于居民、非金融企业、金融机构、政府持有的股票及股权资产，我们根据国家资产负债表的总量数据按比例分配，方法同资管产品。

对于温州市主体持有的国外股票及股权资产的测算，首先，《中国对外直接投资统计公报》提供了中国及各省份的直接对外投资数据，由此我们可以测算出各省份直接对外投资占全国比重；其次，《中国国际投资头寸表》给出了中国境外股票投资数据，但是并未给出各省份的境外股票投资数据，本书根据各省份直接对外投资占比和全国的境外股票投资总额，来估算每个省份的境外股票投资额；再次，加总境外股票和境外直接投资额，得到各省份内部主体持有的外部股票及股权资产；最后，根据温州市居民可支配收入占浙江省的比例来估算温州市的外部股票及股权资产。

3. 构建估算方法进行指标测算

这类方法涉及的科目有股票及股权、住房、私人汽车和固定资产。接下来，本书介绍这四个指标的具体估算方法。

（1）股票及股权，包括股票及股权负债测算、政府和外部的股票及股权资产测算。

对于温州市内部主体的股票及股权负债，测算的总体思路是通过《温州经济普查年鉴》获得企业股权负债，即企业所有者权益，再通过股票市净率和股票市值计算出上市公司的股权溢价，加总企业所有者权益和股权溢价得到企业的股权负债数据。具体来讲：首先，从《温州经济普查年鉴》获得非金融企业和金融机构的资产、负债，两者相减为其所有者权益，具体测算见本书第四章。其次，从万得数据库获得温州市各上市公司的股票市值和市净率数据，用股票市值除以市净率获得各上市公司的账面价值，再用上市公司股票市值减去账面价值获得各上市公司股权溢价。再次，根据万得提供的"是否属于金融机构"这一指标，归类汇总出金融机构的股权溢价值和非金融企业的股权溢价值。最后，分别加总非金融企业、金融机构的所有者权益和股权溢价，得到非金融企业、金融机构的股票及股权负债。

对于境外主体持有的股票及股权资产，本书采用《温州经济普查年鉴》

数据进行估算，具体来讲：首先，《温州经济普查年鉴（2018）》提供了规模以上工业企业、总承包和专业承包的实收资本结构，以此我们估算出工业、建筑业的股权持有者结构。但是《温州经济普查年鉴（2018）》未给出其他行业的实收资本结构，这是本书的第三个难点。本书通过研究工业企业的实收资本结构与其所有制结构之间的关系，发现具有同类型所有制结构的企业在股权持有结构方面较为相似。例如，国有企业、集体企业的股权几乎为政府所有，私营企业的股权大部分为个人、企业所有，外商投资企业大多为外部持有，利用这一关系，并根据不同所有制结构下的企业股权，推算出其他行业的股权持有结构。加总所有行业数据，获得境外主体持有的股权资产。其次，测算境外主体持有股权溢价。这里我们假设境内主体在境外发行的股票，其持有者均为境外主体，所以境外主体持有的股票包括两部分，即境外股票和境内股票。对于境外股票溢价，我们同样采用股票市值除以市净率获得境外上市公司的账面价值，再用市值减去账面价值的方法进行测算；对于其持有的境内股票溢价部分，我们需要对境内上市企业的股票溢价进行按部门分配。考虑到上市与非上市公司在股权持有者结构存在的差异，而溢价部分归属于上市公司股权持有者，所以本书对股权溢价的分配并不按照上述股权的部门持有比例，而是根据股票资产的持有者比例。万得数据库给出了各上市公司内地股票 QFII 持股比例，本书根据这一比例以及境内股票的股票溢价，推算出外部主体持有境内股票的溢价值。最后，加总境外主体持有的所有者权益和股权溢价值，获得境外主体持有的股票及股权资产。

（2）住房，住房价值包括农村住房价值和城镇住房价值。

对于农村住房价值，本书通过计算农村房屋价格乘以农村居住面积获得。农村居住面积可由农村人均住房面积与农村常住人口计算得到，其原始数据由《温州统计年鉴》提供。农村房屋价格则由农村人均住房房屋价值除以农村人均住房面积，但《温州统计年鉴（2018）》只统计了 2008～2012 年的农村人均住房房屋价值，也就是说，我们仅能估算出 2008～2012 年的农村房屋价格，如何估计出 2013～2021 年的农村房屋价格，是地区资产负债表编制的第四个难点。本书采用地区二手房价格指数来近似农村在此期间的房屋价格增长速度，再以 2012 年的农村房屋价格为起点，推算出 2013～2021 年的农村房屋价格。

对于城镇住房价值，学术界存在两种估算方法，即市场法和折旧法。进行城镇居民家庭财富调查的文献，一般以市场法来统计全国、各省份的居民住房资产（西南财经大学，2018；中国人民银行，2020）；李扬团队在研究国家资产负债表时，采用了比较保守的历史成本，且计算了折旧。出于不同的目的，学者们对此指标采取了不同的估算方法，因此，为了给学者们的研究提供不同角度的数据参考，本书采取两种方法对地区城镇居民住房价值进行估算。首先，本书采用市场法进行测算。本书用历年温州市的城镇住房人均建筑面积、城镇常住人口、房屋平均销售价格三者相乘算得的城镇住房价值。其次，借鉴李扬团队在国家资产负债表中的折旧法进行估算，即由温州市年末常住人口、城镇人均住房建筑面积，算出 1980～2019 年每年的城镇住房建筑面积，由此获得每年新增的住房面积，再根据每年 2.4% 的折旧率（李扬等，2018）进行每年的住房面积折旧，加总历年经折旧后住房面积，获得 2018～2019 年的城镇住房面积存量，最后乘以各年的房屋平均销售价格，算得折旧法下的城镇住房价值。

（3）私人汽车：指居民部门拥有的汽车资产。

居民部门私人汽车资产的估算，本书采用学术界较为统一的十年折旧法（刘向耘等，2009），计算公式如下：

$$居民汽车资产 = （本年私人汽车销售额 + 上一年私人汽车销售额 \times 90\%$$
$$+ 上两年私人汽车销售额 \times 80\%$$
$$+ \cdots + 上九年私人汽车销售额 \times 10\%）\times 76\% \qquad (1-10)$$

其中，私人汽车销售额由统计局提供的汽车、摩托车、燃料及零配件专门零售总额乘以私人汽车比例计算得到，而私人汽车占比可由私人汽车保有量除以汽车保有量获得。

（4）固定资产：此科目涉及的部门有住户、非金融企业、金融机构、政府。

对于住户部门的固定资产，包括工商个体户和农户的固定资产，但由于我们无法从公开途径获得工商个体户的固定资产数据，所以此项科目本书仅统计农户的生产性固定资产原值。然而，温州市统计局只统计 2013 年之前的农村生产性固定资产原值，所以如何推算出 2013～2021 年的农村生产性固定资产是本书的第五个难点。本书通过温州市历史数据发现，农村生产性固定资产原值与农村家庭经营净收入之间存在较强的相关性，较高的固定资产伴随较高的经营净收入，所以，本书采用建立农村生产性固定资产原值与农村家庭经营净收入之间的回归模型来推算 2013～2021 年的农村生产性固定资产。估计得到的回归模型如下，其中 Y 表示人均家庭经营净收入，X 表示农村人均生产性固定资产原值：

$$Y = 0.49^{***} + 1158301X^{**}$$

$$(6.03) \quad (4.43)$$

$$R^2 = 0.86 \quad DW = 1.13 \tag{1-11}$$

对于非金融企业的固定资产（净值），其 2018 年数据来自《温州经济普查年鉴》，其他年份数据根据各行业总资产增速进行推算。《温州经济普查年鉴》给出了各大行业总资产、规模以上企业固定资产，本书根据规模以上企业的总资产占比和规上企业固定资产来推算各大行业的固定资产（除金融机构），汇总各大行业固定资产得到温州市非金融企业的固定资产总额。其他年份的企业固定资产，本书采用规模以上企业总资产增速和 2018 年的企业固定资产来估算。

对于金融机构的固定资产，《温州经济普查年鉴》未进行统计，本书采用温州市上市金融公司的固定资产占总资产的数据，以及温州市金融机构总资产数据，来估算金融机构固定资产。

（三）部门资产、负债与所有者权益测算

1. 2018 年资产、负债与所有者权益

2018 年我国进行了第四次全国经济普查，提供了各省份 2018 年各行业的法人单位总资产和总负债，以及各行业中法人企业总资产与总负债。通过资产减去法人企业资产，负债减去法人企业负债，我们得到各行业中的机关团体单位的资产与负债，即政府部门的资产与负债；通过资产减去负债，我们得到各行业的所有者权益。加总所有行业，我们得到地区总资产、总负债与所有者权益，法人企业总资产、总负债与所有者权益，政府部门总资产、总负债与所有者权益。

2. 其他年份资产、负债与所有者权益

以 2019 年的测算为例，对于 2019 年的各行业法人企业单位总资产，温州市统计局会公布历年各行业规模以上或限额以上的企业总资产，由此根据各行业 2018 年和 2019 年的规模以上或限额以上企业总资产，我们可以推算出 2019 年各行业的规模以上或限额以上企业总资产增速，以此增速推算各行业全部企业 2019 年的总资产。对于 2019 年的地区各行业总负债，因为我们缺少相应的统计数据，所以我们假定 2019 年的企业资产负债结构与 2018 年保持一致，由此推算出 2019 年地区各行业的总负债。再根据资产减去负债为所有者权益，我们获得地区法人单位企业总资产、总负债与所有者权益。

对于 2019 年的地区各行业的机关团体单位总资产与总负债，因为缺少统计数据，我们假定其占地区总资产、总负债的比例与 2018 年保持一致，由此推算出 2019 年的政府部门的总资产、总负债与所有者权益。加总法人企业单位和政府部门的资产、负债与所有者权益，获得地区 2019 年的总资产、总负债与总所有者权益。

四、温州市资产负债表编制过程

本书接下来以温州市 2018 年的资产负债表编制为例，详细介绍地区资产负债表各科目的测算过程。

（一）现金

按照温州市 GDP 的一定比例进行估算。居民、非金融企业、金融机构、政府部门的现金资产占 GDP 的比重分别为 6%、0.8%、1.04%、0.16%。温州市 2018 年的 GDP 为 6039.77 亿元，乘以对应比例得到温州市 2018 年四大内部主体持有的现金资产分别为 362 亿元、48 亿元、63 亿元、10 亿元，内部合计为 483 亿元，而这一科目的负债主体为央行，所以省外负债为 483 亿元。

（二）存款

1. 内部资产

《温州统计年鉴（2018）》给出了温州市居民部门 2018 年的本外币存款为 6741 亿元，其中人民币存款 6621 亿元，外币存款 120 亿元。而温州 2018 年的外币存款共为 229 亿元，我们将剩余的 109 亿元外币存款均假设为温州非金融企业持有，由此加总非金融人民币存款 2588 亿元，得到温州市 2018 年非金融企业本外币存款为 2698 亿元。将《温州统计年鉴（2018）》提供的非银行业金融机构存款作为金融机构存款，可知 2018 年温州市金融机构为 723 亿元；将机关团体和财政存款作为政府部门存款，可知 2018 年温州市政府部门的存款为 1804 亿元。

2. 内部负债

存款科目的负债主体为金融机构。金融机构的负债包括两个部分：内部存款形成的负债、外部存款形成的负债，但不包括内部主体的外币存款，所以金融机构的负债值为境内人民币存款和境外存款之和。温州市 2018 年的境内人民币存款为 11736.66 亿元，而由于《温州统计年鉴（2018）》并未给出温州市境外存款数据，且这一数值较小，我们将其忽略，故温州市金融机构部门 2018 年的存款负债为 11737 亿元。

3. 外部资产

对于存款科目，本书仅统计其国外资产。国外主体持有的温州市存款资产就是温州市的境外存款，同时我们将其做 0 值处理。

4. 外部负债

对于存款科目，本书仅统计其国外负债。国外主体的存款负债就是内部主体持有的外汇存款，即为境内外币存款 229 亿元。

（三）贷款

1. 内部资产

贷款科目的资产持有者为金融机构。金融机构持有的贷款资产包括两部分：内部贷款形成的资产、外部贷款形成的资产，但不包括内部主体的外币贷款，所以金融机构持有的资产为境内人民币贷款和境外贷款之和。温州市2018年的境内人民币贷款为9969.95亿元，境外贷款为0.54亿元，加总得到金融机构持有的贷款资产为9971亿元。

2. 内部负债

贷款内部负债的主体为居民、非金融企业、非银金融机构、政府，包括各主体在省内和在境外的贷款。

《温州统计年鉴（2018）》给出了住户、非金融企业和机关团体、非银行业金融机构的2018年的人民币贷款值，分别为5473.2亿元、4496.76亿元、0元。接下来，我们需要对非金融企业和机关团体的贷款进行分割。《温州统计年鉴（2018）》提供了温州市分行业贷款数据，由此我们可以算出2018年温州市三产（不含金融业）的贷款总额为2438.06亿元；再由《温州经济普查年鉴（2018）》可以算出温州市的行政事业及非法人企业单位的负债占三产总负债比重为6.61%，由此我们估算得到政府部门2018年的贷款额为161亿元，非金融企业的贷款额则为4335.40亿元。

接下来我们需要算出境内主体在境外的贷款。温州市2018年的外币贷款余额为82.68亿元，同存款科目一样，《温州统计年鉴（2018）》未对此外币贷款进行部门分配，我们假设这一主体均为非金融企业部门，由此算得2018年温州市非金融企业部门外币贷款余额为82.68亿元。

加总上述各主体的人民币贷款和外币贷款，得到各内部主体的贷款负债总额，分别为居民部门贷款负债5473亿元、非金融企业4419亿元、金融机构0亿元、政府部门161亿元。

3. 外部资产

同存款科目一样，外部贷款资产本书仅统计国外部门资产。国外主体的贷款资产就是温州市在国外的贷款，即境内外币贷款，为 83 亿元。

4. 外部负债

同存款科目一样，贷款的外部负债本书仅统计国外部门负债。国外部门的负债就是国外在温州市形成的贷款，即温州市的境外贷款，为 0.54 亿元。

（四）中央银行贷款

中央银行贷款科目的资产主体为中央银行，即市外部门，负债主体为金融机构。因为《温州统计年鉴》并未公布此数据，本书利用中国人民银行货币当局资产负债表提供的央行对其他存款性公司债权和对其他金融性公司的债权数据，按照温州市法人金融机构总资产占全国法人金融机构总资产的比重来估算。2018 年央行对其他存款性公司债权余额为 111517.46 亿元，对其他金融性公司的债权余额为 4642.6 亿元，两者总计为 116160.06 亿元。接下来，我们计算法人金融机构资产占比。2018 年温州市法人金融机构总资产占全国法人金融机构总资产比重为 0.49%。将此比重乘以中央银行对金融机构的贷款总额 116160.06 亿元，计算得出中央银行对温州市金融机构的贷款余额为 572 亿元。

（五）存款准备金

存款准备金科目的资产持有者为金融机构，负债主体为中央银行，所以负债主体为市外部门。《温州统计年鉴》未公布此数据，本书利用全国存款准备金余额按照温州市金融机构的存款比例进行分配。2018 年温州市本外币存款为 11966.03 亿元，全国本外币存款为 1825158.24 亿元，温州市金融机构存款比例占全国的比重为 0.66%。2018 年我国全国存款准备金余额 241240 亿元，温州市按 0.66% 的比例估算，得到 2018 年温州市的存款准备金为 1582 亿元。

（六）债券

1. 内部资产

债券资产的内部持有部门为居民、非金融企业和金融机构。我们采用

《中国国家资产负债表（2020）》（李扬等，2020）中的全国各部门持有的债券总额按比例进行分配。

对于居民部门，我们采用温州市居民可支配收入占全国居民可支配收入的比例来估算。2018 年温州市居民人均可支配收入为 47511.3 元，常住人口 925 万人，计算出温州市居民可支配收入为 4394.80 亿元；2018 年全国居民人均可支配收入为 28228 元，常住人口 140541 万人，计算出我国居民可支配收入为 396719.13 亿元。由此计算得出温州市 2018 年的可支配收入占全国的比重为 1.10%。《中国国家资产负债表（2020）》（李扬等，2020）公布了 2018 年全国居民持有的债券资产为 26289 亿元，乘以 1.10%，计算得出温州市居民持有的债券资产为 211 亿元。

对于非金融企业、金融机构，我们采用其法人单位资产占全国比重来估算。2018 年非金融企业法人单位资产为 390338.15 亿元，全国非金融企业法人单位资产为 5450825.9 亿元，温州市非金融企业资产占全国的比重为 0.52%，用此比例乘以 2018 年全国非金融企业持有的债券资产 13463 亿元，计算得出温州市 2018 年非金融企业持有的债券资产 70 亿元。2018 年温州市金融机构法人单位资产占全国金融机构资产的比重为 0.49%，用此比例乘以 2018 年全国金融机构持有的债券资产 732152 亿元，计算得出温州市 2018 年金融机构持有的债券资产 3604 亿元。

2. 内部负债

债券负债的主体为非金融企业、金融机构、政府。万得（Wind）数据库提供了温州市各主体发行的债券余额。我们将金融债作为金融机构发行的债券，地方政府债为政府部门发行的债券，其他债券（扣除同业存单）作为非金融企业发行的债券，得到 2018 年温州市非金融企业发行的债券共为 585 亿元，金融机构发行的债券共为 113 亿元，政府发行的债券共为 595 亿元。

3. 外部负债

国外债券负债为温州市持有的境外债券。《中国国际投资头寸表》公布了全国的境外债券投资额，但并未给出各省的境外债券投资额。本书利用浙江省直接对外投资存量占全国直接对外投资存量的比重来做估算。2018 年浙江省直接对外投资额为 656.14 亿美元，中国直接对外投资额为 20015 亿美元，浙江省直接对外投资占全国的比重为 3.28%。中国 2018 年对外债券投资余额为 2279 亿美元，当年的美元兑人民币汇率为 6.86 元，由此算得浙江省 2018 年国外债券投资余额为 513 亿元。温州市国外债券投资额我们根据浙江省海外债券投资额和温州可支配收入占浙江省比例估算，2018 年温州市可支配收入占浙江省可支配收入比例为 16.71%，2018 年浙江省海外债券投资额为 512.76 亿元，由此算得温州市海外债券投资额为 86 亿元。

省外债券负债，我们根据资产负债表的平衡原则，即内部金融净资产为负的外部金融净资产［见公式（1-5）］得到，算得 2018 年温州市省外部门的债券负债额为 2506 亿元。

（七）股票及股权

1. 内部资产

股票及股权资产的内部持有部门为居民、非金融企业、金融机构和政府。同债券资产测算一样，我们采用国家资产负债表中的全国各部门持有的股票及股权总额按比例进行分配。但需要特别说明的是，国家资产负债表将外商直接投资从股票及股权科目中单列出来，所以我们统计国家股票及股权资产的时候，需要将其股票及股权与外商直接投资两个科目的资产数据进行加总。

对于居民部门，我们采用两种估算方法估算结果的平均值。第一种方法是，我们采用温州市居民可支配收入占全国居民可支配收入的比例来估算。2018 年温州市居民可支配收入占全国的比重为 1.11%。国家资产负债表公布了 2018 年全国居民持有的股票及股权资产为 1457187 亿元，乘以 1.10%，算得温州市居民持有的股票及股权资产为 16142.50 亿元。第二种方法是，我们根据浙江省各市居民人均可支配收入构建各市标准化后的富裕度指标，用此指标乘以浙江省居民部门的股票及股权资产来推算，2018 年我们算得温州市的富裕度值为 1.04，浙江省的居民股票及股权资产为 76501.69 亿元，由此算得 2018 年的居民股票及股权资产为 7223 亿元。最后将两种方法的结果取平均，得到 2018 年温州市居民股票及股权资产为 11683 亿元。

对于非金融企业、金融机构、政府部门，我们同样采用其法人单位资产占全国比重来估算。2018 年温州市非金融企业资产占全国的比重为 0.52%；温州市金融机构资产占全国金融机构资产的比重为 0.49%；2018 年温州市政府部门总资产为 2963.93 亿元，国家政府部门总资产为 472865.1 亿元，温州市政府部门资产占比为 0.63%。2018 全国非金融企业持有的股票及股权资产为 188329 亿元，金融机构持有 327231 亿元，政府部门持有 759000 亿元。乘以相应的比例，算得温州市非金融企业、金融机构、政府持有的股票及股权资产分别为 975 亿元、1611 亿元、4757 亿元。

2. 内部负债

股票及股权负债的内部主体为非金融企业和金融机构。《温州经济普查年鉴（2018）》给出了温州市 2018 年各行业的资产、负债和所有者权益，加总各行业数据得到温州市 2018 年的非金融企业股权为 10250.40 亿元，金融机构的股权为 622.72 亿元。

接下来，我们需要算出这些股权的溢价值。万得（Wind）数据库给出了温州市 2018 年每只股票的市值余额、市净率。2018 年温州市内地股票市值总计 1515.32 亿元，港股市值为 23.48 亿元，美股市值为 4.10 亿元，共计 1542.90 亿元，其中非金融企业股票市值 559.19 亿元，占股票市值的 36.24%，金融机构股票市值 147.35 亿元，占股票市值的 9.55%。温州市 2018 年股票账面价值总计 689.26 亿元，故股权溢价值为 853.65 亿元。我们接下来按非金融企业和金融机构的股票市值比重来分配溢价值，得到非金融企业 2018 年股权溢价值为 309.38 亿元，金融机构溢价值为 81.90 亿元。最后，将上述部门的所有者权益加上股票溢价值，得到 2018 年的温州市非金融企业股票及股权 11104 亿元，金融机构股票及股权 623 亿元。

3. 外部资产

国外主体资产为温州市股票及股权科目中的外资持股部分，对其测算同样分为两步：第一步是测算出温州市 2018 年所有者权益中属于外资持有的部分；第二步是估算出这部分股权的市场溢价部分。

《温州经济普查年鉴》给出了规模以上工业实收资本、总承包和专业承包企业实收资本结构，2018 年温州市规模以上工业实收资本为 1167.25 亿元，其中外商资本 46.85 亿元，由此测算出规模以上工业中外资资本占比 4.01%；《温州经济普查年鉴》显示温州市的建筑业中没有外资成分。我们用上述比例来估算温州市全部工业和建筑业股权中的外资持有的所有者权益。温州市 2018 年工业所有者权益 3646.94 亿元，总承包和专业承包所有者权益为 549.24 亿元，乘以相应比例算得的工业和建筑业中外资股权为 146.36 亿元。

对于其他行业，《温州经济普查年鉴》并未给出企业实收资本结构，本书采用工业企业的所有制结构与实收资本结构之间的关系来估算第三产业中各行业各类所有制企业的外资持股比例。例如，对于国有独资企业，其股权 100% 都由政府持有；对于外资企业，其股权 60% 是由外部持有；等等。汇总所有行业，得到三产业中的股权由外资持有的为 53.03 亿元。加总所有产业，得到温州市 2018 年所有者权益中外资持有股权为 199.4 亿元。

接下来，我们计算外资持有股权溢价值，包括海外股票溢价值和内地股票中 QFII 持有的股票溢价值。2018 年温州市海外股票市值 27.59 元，内地股票中 QFII 持有的股票市值 1.14 亿元，共 28.73 亿元，其账面价值共计 12.83 亿元，溢价 15.90 亿元。

最后，将外资持有的所有者股权加上其溢价值，得到国外部门持有的股票及股权为 215 亿元。省外净资产，同样由公式（1-5）推算获得。

4. 外部负债

国外部门的股票及股权负债即为温州市主体持有的国外股票及股权资产。《中国对外直接投资统计公报》给出了浙江省直接对外投资存量额 656.16 亿美元。《中国国际投资头寸表》公布了全国的海外股票投资额，但并未给出各省的海外股票投资额。本书利用浙江省直接对外投资存量占全国直接对外投资存量的比重 3.28% 来做估算。中国 2018 年对外股票投资存量为 2786 亿美元，由此算得浙江省 2018 年国外股票投资存量为 91.33 亿美元。当年的美元兑人民币汇率为 6.86 元，乘以汇率得到浙江省 2018 年海外股票及股权投资存量额为 5130 亿元。再根据温州居民可支配收入占浙江省居民可支配收入的比例来估算温州海外股票投资额，2018 年温州市居民可支配收入占比为 18.58%，乘以浙江省海外股票及股权投资额，得到 2018 年温州海外股票及股权投资额 953 亿元。

（八）保险准备金

保险准备金的内部资产主体为居民和非金融企业，负债主体为金融机构。同债券一样，保险准备金的估算我们采用全国总量数据进行分配。

对于居民部门，我们采用两种估算方法估算结果的平均值。第一种方法是，我们采用温州市居民可支配收入占全国居民可支配收入的比例来估算。2018 年温州市居民可支配收入占全国的比重为 1.11%。国家资产负债表公布了 2018 年全国居民持有的保险准备金资产为 114862 亿元，乘以 1.11%，算得温州市居民持有的股票及股权资产为 1272 亿元；第二种方法是，我们根据浙江省各市居民人均可支配收入构建各市标准化后的富裕度指标，用此指标乘以浙江省居民部门的股票及股权资产来推算，2018 年我们算得温州市的富裕度值为 1.04，浙江省的居民股票及股权资产为 6822 亿元，由此算得 2018 年的居民保险准备金资产为 569 亿元。最后将两种方法的结果取平均，得到 2018 年温州市居民股票及股权资产为 921 亿元。

对于非金融企业，我们采用其法人单位资产占全国比重 0.52% 来估算。2018 年全国非金融企业持有的保险准备金资产 49206 亿元，乘以 0.52%，获得温州市 2018 年非金融企业持有的保险准备金资产 255 亿元。

对于金融机构的保险准备金负债，我们采用中国人民银行于资金存量表中公布的全国保险准备金按可支配收入占比进行估算。2018 年我国全国保险准备金为 191907 亿元，温州市可支配收入占全国比重为 1.11%，由此得到温州市金融机构的保险准备金负债额为 2126 亿元。

省外净资产根据公式（1-5）推算获得。

（九）资管产品

资管产品的内部资产持有者为居民、非金融企业、金融机构和政府，负债主体为金融机构。同债券一样，资管产品的估算我们采用全国总量数据进行分配。测算得到 2018 年温州市居民、非金融企业、金融机构、政府持有的资管产品分别为 1433 亿元、183 亿元、2578 亿元、560 亿元，其测算过程不再复述。

对于金融机构发行的资管产品，本书根据全国资管产品规模按温州市金融机构法人单位资产比例进行分配。《中国资产管理行业发展报告》提供了我国 2018 年的资管产品规模，为 958000 亿元。温州市法人金融机构资产占全国的比重为 0.49%，以此比例估算出温州市 2018 年金融机构发行的资管产品为 4947 亿元。市外净资产按照公式（1-5）进行推算。

（十）住房

1. 农村住房价值

首先，通过公式"农村每平方米房屋价格 = 农村人均居住房屋价值/农村人均住房面积"算得温州市 2012 年的农村房屋价格。2013 年《温州市统计年鉴》提供了温州市 2012 年农村人均居住面积 45.8 平方米，农村人均居住房屋价值 86686 元，算得温州市 2012 年农村每平方米房屋价格为 1892.71 元。

其次，通过温州市 2013~2018 年的二手住宅价格指数来估算农村 2013~2018 年的房屋价格，结果见表 1-2。

表 1-2 2013~2018 年温州市农村房屋价格

年份	二手住宅价格指数	农村每平方米房屋价格（元）
2013	-6.10	1777.25
2014	-10.30	1594.20
2015	0.80	1606.95
2016	3.30	1659.98
2017	6.60	1769.54
2018	0.90	1785.46

最后，通过公式"村居住面积 = 农村人均住房面积 × 农村常住人口"算得温州市农村居住面积，以及公式"农村房屋价值 = 农村每平方米房屋价格 × 农村居住面积"算出温州市的农村房屋价值，结果见表1-3。

表1-3   2014～2018年温州市农村房屋价值

年份	农村居住面积（万平方米）	农村房屋价值（元）
2014	12219.91	1948.09
2015	12351.40	1984.81
2016	12258.50	2034.88
2017	12676.13	2243.09
2018	13819.50	2467.42

2. 城镇住房价值

（1）折旧法。本书对温州市住房面积按每年2.4%的折旧率进行折旧，即2017年的新增房屋住房面积折旧2.4%、2016年的新增房屋住房面积折旧4.8%，以此类推。按照2.4%的折旧率，房屋折旧年限是42年，所以理论上我们需要42年的数据，但是根据现有数据我们对1981年开始的房屋住房面积进行折旧，1981年的房屋面积折旧率为0.112。由此我们可以算得1981～2018年经折旧后的房屋住房面积（见表1-4），汇总各年折旧面积，得到2018年经折旧后的房屋住房面积18258万平方米。乘以温州市2018年的一手房价格16778元/平方米，得到温州市2018年的城镇住房价值为30633亿元。

（2）市场法。采用公式"城镇住房人均建筑面积 × 城镇常住人口 × 一手房价格"来计算温州市2018年市场法下的城镇住房价值，算得为55078亿元。

3. 住房价值

分别加总农村住房价值和两种测算方法下的城镇住房价值，得到温州市2018年折旧法下的住房价值为215260亿元，市场法下的住房价值为287099亿元。

表 1-4　　　　　　　1981~2018 年温州市城镇住房折旧面积　　　　单位：万平方米

年份	当年新增住房面积	折旧后面积	年份	当年新增住房面积	折旧后面积
1981	72.29	8.10	2000	1574.38	894.25
1982	76.38	10.39	2001	756.51	447.85
1983	80.71	12.91	2002	583.02	359.14
1984	123.02	22.63	2003	688.35	440.54
1985	52.38	10.89	2004	500.95	332.63
1986	53.78	12.48	2005	1218.88	838.59
1987	232.08	59.41	2006	1090.13	776.18
1988	263.13	73.68	2007	4495.58	3308.75
1989	298.32	90.69	2008	2349.99	1785.99
1990	221.78	72.74	2009	406.99	319.08
1991	68.32	24.05	2010	2336.69	1888.05
1992	61.34	23.06	2011	343.08	285.44
1993	346.07	138.43	2012	489.94	419.39
1994	773.43	327.93	2013	473.37	416.57
1995	534.84	239.61	2014	-41.04	-37.10
1996	338.76	159.90	2015	755.67	701.26
1997	1288.07	638.88	2016	812.10	773.12
1998	732.14	380.71	2017	589.36	575.22
1999	1494.29	812.89	2018	613.66	613.66

（十一）私人汽车

本书采用公式"零售业汽车销售总额×私人汽车保有量占比"算的私人汽车销售额，再根据十年折旧算出每年经折旧后的汽车价值（见表 1-5），加总历年经折旧后的汽车价值再乘以 0.76，得到 2018 年的私人汽车价值14057 亿元。

表1-5　　　　　　　　2009～2018年温州市汽车折旧价值

年份	汽车、摩托车、燃料及零配件专门零售总额（亿元）	汽车保有量（辆）	私人汽车保有量（辆）	私人汽车占比（%）	私人汽车销售额（亿元）	2018年汽车折旧价值（亿元）
2009	1631.79	4333031	3335476	77	1256.12	125.61
2010	2338.32	5435718	4329825	80	1862.59	372.52
2011	2902.96	6582445	5360950	81	2364.26	709.28
2012	3082.16	7749089	6446472	83	2564.05	1025.62
2013	3485.4	9033044	7651464	85	2952.32	1476.16
2014	3715.74	10132136	8710803	86	3194.50	1916.70
2015	3803.74	11216283	9780084	87	3316.69	2321.68
2016	4167.33	12583458	11051678	88	3660.04	2928.03
2017	4431.09	13966490	12279084	88	3895.73	3506.16
2018	4684.08	15337276	13472127	88	4114.45	4114.45

（十二）固定资产

对于农村生产性固定资产，根据线性模型公式（1-11），我们推算出温州市2018年的农村人均生产性固定资产原值为9280元，乘以农村常住人口277.5万人，得到温州市2018年农村生产性固定资产为258亿元。

对于企业固定资产，《温州经济普查年鉴（2018）》给出了各大行业规模以上或限额以上企业的固定资产净额，我们假设各行业企业的固定资产占总资产比重与规模以上企业一致，由此来推算2018年各行业企业固定资产净额。例如，2018年规上工业的固定资产净额为1008.73亿元，总资产为4917.73亿元，规上工业固定资产占比21%，而2018年整个工业企业总资产为7342.5亿元，乘以固定资产比重，得到整个工业企业的固定资产净额。最后，加总所有行业，得到2018年温州市非金融企业固定资产净额3216亿元，需要注意的是不能将金融业计算在内。

对于金融机构的固定资产，本书利用上市金融机构的固定资产占总资产比重，以及金融机构总资产来估算。由于温州市无上市金融机构，故本书采用浙江省全省的平均比例 0.5% 来估算。温州市 2018 年金融机构总资产 15843.79 亿元，算得其固定资产为 80 亿元。

对于政府部门的固定资产，《温州市人民政府关于 2018 年度全市国有资产管理情况的综合报告》显示 2018 年温州政府固定资产 456 亿元。

（十三）存货

《温州经济普查年鉴（2018）》公布了各规模以上或限额以上企业的存货资产，本书按规模以上或限额以上企业的存货占总资产比重估算全部企业的存货。例如，2018 年规模以上工业企业存货为 490.22 亿元，总资产为 4917.73 亿元，规模以上工业企业存货占比 10%，而 2018 年整个工业企业总资产为 7342.5 亿元，乘以存货比重，得到整个工业企业的存货 731.92 亿元。最后，加总所有行业的企业存货，得到温州市 2018 年的企业存货 6789 亿元。

（十四）在建工程

对于非金融企业的在建工程，我们统计建筑业企业和房地产开发企业的在建工程。《温州经济普查年鉴（2018）》公布了温州市 2018 年总承包和专业承包建筑业的在建工程价值为 11.78 亿元，总资产为 806.26 亿元，在建工程价值占总资产比重为 1.46%。2018 年建筑业总资产为 1447.55 亿元，乘以上述比例得到建筑业的在建工程为 21.16 亿元。最后加总所有行业，得到温州市 2018 年在建工程共 28 亿元。

对于政府部门的在建工程，《温州市人民政府关于 2018 年度全市国有资产管理情况的综合报告》显示，2018 年温州政府在建工程 736 亿元。

第三节　资金流量表科目界定和编制方法

资金流量表以全社会资金运动为核算对象。主要是反映了生产结束后的收入分配、再分配、消费、投资支出和资金融通，所以，资金流量表中的资金具体指收入分配、消费、投资和金融活动中的资金。资金流量是指一定时期上述资金的增减变化量，资金流量核算的结果是编制资金流量表。中国资金流量表由两部分组成，一部分称为收入分配部分，另一部分称为金融交易部分。资金流量表的主要功能是描述国民经济各机构部门之间一定时期资金往来或交易的流量和流向，为经济分析和经济决策提供系统的数据；为制定分配政策、财政政策和金融政策，加强宏观调控提供依据。我们根据国家统计局国民经济核算司提供的中国经济普查年度资金流量表编制方法，编制了温州市 2017～2021 年的地区资产负债表和资金流量表并进行了分析，为政府相关部门、企业和科研机构提供了研究和决策参考。资金流量表分为非金融交易和金融交易两部分，两部分的核心项目编制方法如下。

一、非金融部分编制过程与方法

（一）净出口

净出口是货物和服务出口减进口的差额。净出口是资金流量表的第一项目，只在国外部门来源方记录。除特殊说明外，数据单位均为亿元人民币，来自国家及各省统计年鉴。

$$净出口 = 出口 - 进口$$

（二）增加值核算

$$非金融企业部门 = 工业企业部门 + 其他非金融企业部门$$
$$工业企业部门 = 工业增加值 \times 非个体工业企业份额①$$
$$其他非金融企业部门 = 农业中非农户 + 建筑业非个体户 + 交通运输非个体户$$
$$+ 批发零售非个体户 + 住宿餐饮非个体户$$

---

① 非个体工业企业份额估算为（1 - 个体工业总产值/工业总产值）×100%。

$$+（房地产非个体户-居民自有住房）$$

$$+租赁和商务业非个体户+教育非个体户×20\%$$

$$+卫生非个体户×20\%+居民服务非个体户$$

$$+文体娱非个体户×50\%+其他服务业非个体户$$

$$+信息计算机和软件+科技×20\%$$

$$农业中非农户=农林牧渔业增加值×非农户增加值比例$$

$$建筑业非个体户=建筑业增加值×非个体经营户比例$$

$$交通运输非个体户=交通运输增加值×非个体经营户比例$$

$$批发零售非个体户=批发零售增加值×非个体经营户比例$$

$$住宿餐饮非个体户=住宿餐饮增加值×非个体经营户比例$$

$$房地产非个体户=房地产增加值×非个体经营户比例$$

$$居民自有住房=住房折旧价值=农村住房折旧价值+城镇住房折旧价值$$

$$=（农村住房价值+城镇住房价值×自助率）×折旧率$$

$$=（农村人口×农村人均住房+城镇人口×城镇人均住房$$

$$×自助率）×建造成本×折旧率$$

$$租赁和商务=租赁和商务增加值×非个体户比例$$

$$教育非个体户×20\%=教育增加值×非个体户比例×20\%$$

$$卫生非个体户×20\%=卫生增加值×非个体户比例×20\%$$

$$居民服务非个体户=居民服务增加值×非个体户比例$$

$$文体娱非个体户×50\%=文体娱增加值×非个体户比例×50\%$$

$$科技×20\%=科技增加值×20\%$$

$$政府部门=水利+公共管理+科技×80\%+教育非个体×80\%$$

$$+卫生非个体×80\%+文体娱非个体×50\%$$

$$住户部门=农业中农户+城乡个体经营户+居民自有住房$$

（三）劳动者报酬核算

分行业总工资在各部门之间的分配比例与增加核算值保持一致。

$$分行业总工资=分行业平均工资×分行业就业总人数$$

（四）生产税净额核算

生产税是非金融企业部门、金融机构部门、住户部门的支出，只记录在这些机构部门的运用方。生产税是政府部门的收入，记录在政府部门的来源方，但由于政府部门也有一小部门生产，也缴纳一些税，故政府部门的运用方也有数据。数据来源为国家税务总局及各省税务局官网。税率估算参考分行业生产税率并乘以各行业非个体经营户与个体经营户比例。实际值与估算值的校正则采取按比例分配给非金融企业部门、政府部门和住户部门的方式。

生产税 = 税收总额 − 企业所得税 − 个人所得税 − 契税 − 车辆购置税 − 海关代征

$$非金融企业生产税 = 非金融企业增加值 \times 税率$$

$$住户部门生产税 = 住户部门增加值 \times 税率$$

$$政府部门生产税 = 政府部门增加值 \times 税率$$

$$金融企业生产税 = 金融企业增加值 \times 税率$$

（五）财产收入核算

财产收入包括利息、红利、土地租金、其他财产收入等。利息目前只进行存贷款利息、股票以外证券利息核算。应收账款利息因资料原因暂不测算。红利目前只对上市公司的红利进行测算。土地租金目前资料不全，暂不进行核算。其他财产收入，属于保险人的财产收入，目前资料不足，暂不进行核算。

1. 利息

（1）住户部门。

$$住户部门利息来源 = 住户活期存款 \times 活期存款利率$$
$$+ 住户定期存款 \times 定期存款利率$$

$$住户部门利息运用 = 住户短期贷款 \times 短期贷款利率$$
$$+ 住户中长期贷款 \times 中长期贷款利率$$

（2）非金融企业部门。

$$非金融企业利息来源 = 非金融企业存款 \times 存款利率$$

$$非金融企业利息运用 = 非金融企业及机关团体贷款$$
$$\times 非金融企业比例 \times 短期贷款利率$$

（3）政府部门。

$$政府利息来源 = 政府存款 \times 存款利率$$
$$政府利息运用 = 非金融企业及机关团体贷款 \times 政府部门比例$$
$$\times 短期贷款利率 + 政府债务付息$$

（4）金融部门。

$$金融部门利息来源 = 非银行金融机构存款 \times 存款利率 + 银行贷款利息收入$$
$$金融部门利息运用 = 非银行金融机构存款 \times 存款利率 + 银行贷款利息支出$$

2. 红利

红利（运用）计入非金融企业，红利（来源）按照 GDP 的比例分别计入非金融企业、金融企业、政府部门、住户部门。

3. 其他财产收入

其他财产收入指属于保险人的财产收入，其他财产收入计入非金融企业部门和住户部门的来源方，金融机构的运用方。

$$住户部门来源 = 机动车辆保险 \times 90\% + 人身意外伤害险 + 健康险 + 寿险$$
$$非金融部门来源 = 财产险 - 机动车辆保险 \times 90\%$$

（六）初次分配总收入

初次分配是生产活动形成的净成果在参与生产活动的生产要素的所有者及政府之间的分配。

$$初次分配总收入 = 增加值 - 劳动者报酬（运用方）+ 劳动者报酬（来源方）$$
$$- 生产税净额（运用方）+ 生产税净额（来源方）$$
$$- 财产收入（运用方）+ 财产收入（来源方）$$

（七）经常转移

经常转移包括收入税、社会保险缴款、社会保险福利、社会补助和其他项目。收入税目前包括个人所得税、企业所得税。

经常转移＝收入税＋社会保险缴款＋社会保险福利＋社会补助＋其他

1. 收入税

来源方为政府部门，运用方为非金融企业、金融企业、住户部门，国外部门不进行核算。

收入税＝个人所得税＋企业所得税

企业所得税中非金融企业与金融企业的比例按照增加值的比例拆分为非金融企业和金融企业部分。

2. 社会保险缴款

来源方为政府部门，运用方为住户部门，其他机构部门没有社会保险交款项目。

3. 社会保险福利

来源方为住户部门，运用方为政府部门，其他机构部门不进行核算。

4. 社会补助

来源方为住户部门，运用方为政府部门和非金融企业，其他机构部门不进行核算。

社会补助支出＝低保＋特困＋临时救助＋抚恤

5. 其他项目

保险赔款，保险赔付中非金融企业、金融企业与政府部门间的比例按照增加值的比例拆分。

住户部门保险赔付＝人身意外险＋健康险＋寿险＋机动车辆保险赔付×90%

（八）可支配总收入核算

可支配总收入＝初次分配总收入＋经常项目入手－经常项目支出

（九）最终消费核算

实际最终消费中，居民实际最终消费为运用方，政府实际最终消费为运用方，其他部门不进行核算。

（十）总储蓄核算

$$总储蓄 = 可支配收入 - 最终消费$$

资本转移中，投资性补助的政府部门为运用方，非金融企业为来源方。投资性补助金额不大、资料不足，暂时不进行核算。

（十一）资本形成总额核算

资本形成总额包含固定资本形成总额和存货增加，存货增加部分因目前资料不足，暂不进行核算。

（十二）其他非金融资产获得减处置核算

其他非金融资产获得减处置包括土地费用和拆迁费用。土地费用为土地使用权出让收入。拆迁费用按照40%估算为拆迁费用。土地使用权出让收入扣除拆迁费用后剩余估算为土地费用。

（十三）净金融投资核算

$$净金融投资 = 总储蓄 + 资本转移获得 - 资本转移支付 - 资本形成总额 - 其他非金融资产获得减处置$$

二、金融交易部分编制过程和方法

（一）通货

数据来自各地区统计年鉴，可直接查询。

（二）存款

数据来自各地区统计年鉴，可直接查询。

（三）贷款

数据来自各地区统计年鉴，可直接查询。

（四）保险准备金

数据来自各地区统计年鉴，可直接查询。

（五）存款准备金

$$存款准备金 = 新增存款 \times 存款准备金率$$

存款准备金率参考中国人民银行法定存款准备金率估算。数据来自各地区统计年鉴，可直接查询。

（六）债券

数据来自各地区统计年鉴，可直接查询。

（七）股票及股权

数据来自各地区统计年鉴，可直接查询。

（八）中央银行贷款

数据来自各地区统计年鉴，可直接查询。

第二章

2017～2021 年温州资产负债表和资金流量表

第一节　温州市资产负债表

基于第一章资产负债表的编制方法，我们测算出了 2017～2021 年温州市的资产负债表（见表 2-1），该表提供了大量信息，这些信息可以为温州市以及浙江省相关经济政策的制定、企业决策和相关理论研究提供数据基础。基于这些表格，我们也总结出了关于温州市资产负债情况的一些基本特征。

表 2-1　　　　　　2017～2021 年温州市资产负债表　　　　　单位：亿元

项目	2017 年		2018 年		2019 年		2020 年		2021 年	
	资产	负债	资产	负债	资产	负债	资产	负债	资产	负债
金融资产/负债	57413	51240	63629	55833	71067	62522	80599	71195	90076	78153
现金	433	433	483	483	529	529	549	550	603	607
存款	10890	11218	11966	11966	13380	13379	15270	15270	16994	16536
贷款	8657	8596	10054	10053	11610	11608	13632	13631	15819	15850
存款准备金	1688	1688	1582	1582	1593	1593	1627	1627	1536	1536
中央银行贷款	533	533	572	572	602	602	678	678	654	654
债券	3346	3346	3815	3884	4292	4367	5035	5131	5828	5762

37

续表

项目	2017 年		2018 年		2019 年		2020 年		2021 年	
	资产	负债	资产	负债	资产	负债	资产	负债	资产	负债
股票及股权	18955	17454	22028	19242	25594	22044	29080	25015	31925	26528
保险准备金	2197	1884	2646	2126	2980	2399	3285	2712	3651	3043
资管产品	6173	5123	5882	4947	5826	5010	6208	5468	7257	6402
民间借贷	4541	965	4601	978	4661	991	5235	1113	5809	1235
非金融资产/负债	73574	0	79291	0	98089	0	115030	0	126452	0
住房	30822	0	33101	0	42008	0	49445	0	53621	0
城镇	28579	0	30633	0	39027	0	46347	0	50475	0
农村	2243	0	2467	0	2981	0	3098	0	3147	0
私人汽车	1447	0	1527	0	1588	0	1653	0	1775	0
固定资产	3628	0	4010	0	4225	0	4882	0	5830	0
存货	6191	0	6789	0	7387	0	8555	0	9723	0
在建工程	664	0	764	0	873	0	1050	0	1881	0
资产、负债与资产净值	130987	51240	142920	55833	169156	62522	195629	71195	216528	78153

一、资产规模与结构

从资产规模来看，2017～2021 年温州市总资产规模从 130987 亿元增至 216582 亿元，增长了 65.3%，年名义复合增长率高达 13.4%，远高于地区生产总值的名义复合增长率（8.6%）。其中，金融资产从 2017 年的 57413 亿元增至 2021 年的 90076 亿元，增长了 56.9%，年名义增长率高达 11.9%；非金融资产从 2017 年的 73574 亿元增至 2021 年的 126452 亿元，增长了 71.9%，年名义增长率高达 15.6%。

从资产类型结构来看（见图 2-1），2017～2021 年温州市金融资产占总资产百分比呈现出逐渐下降的趋势，从 2017 年的 43.83% 下降至 2021 年的 41.60%，下降了 2.23 个百分点；非金融资产则呈现出上升的趋势，从 2017 年的 56.17% 上升至 2021 年的 58.40%，上升了 2.23 个百分点。不过，2018

年和 2021 年温州市的金融资产占总资产比例略有上升，非金融资产比重略有下降，不过并未改变金融资产和非金融资产占比的总体趋势。

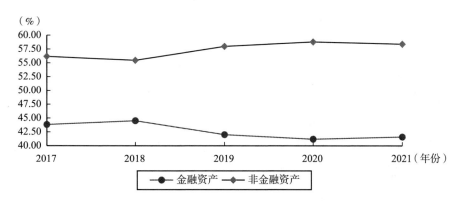

图 2 - 1　温州市金融资产和非金融资产占总资产百分比

二、负债规模与结构

从负债规模来看（见表 2 - 2），2017～2021 年温州市负债总规模从 51240 亿元增加至 78153 亿元，增长了 52.52%，年名义复合增长率高达 11.13%，虽然高于地区生产总值的名义复合增长率，但比总资产增长率、金融资产增长率和非金融资产增长率都要低。

表 2 - 2 　　　　　　　　**2017～2021 年温州市及各部门负债**　　　　　　单位：亿元

年份	总负债	居民部门	金融部门	非金融企业部门	政府部门	对外部门
2017	51240	4835	19075	13411	610	13309
2018	55833	5473	20117	17086	757	12401
2019	62522	6214	21965	20759	879	12750
2020	71195	7145	24759	25059	1081	13066
2021	78153	8276	26941	3798	1378	12197

从负债的部门结构来看（见图 2 - 2），2017～2021 年温州市居民部门负债占总负债百分比呈现逐年上升趋势，从 2017 年的 9.44% 上升至 2021 年的 10.59%，上升了 1.15 个百分点；非金融企业部门负债占比呈现出逐年上升的趋势，从 2017 年的 26.17% 上升至 2021 年的 37.57%，上升了 11.40 个百分点；政府部门负债占比呈现出逐年微弱上升的趋势，从 2017 年的 1.19% 上升至 2021 年的 1.76%，上升了 0.57 个百分点；对外部门负债占比呈现出逐年下降的趋势，从 2017 年的 25.97% 下降至 2021 年的 15.61%，下降了 10.36 个百分点；金融部门负债占比呈现出逐年下降的趋势，从 2017 年的 37.23% 下降至 2021 年的 34.78%，下降了 2.45 个百分点。

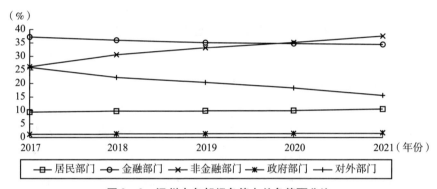

图 2 - 2　温州市各部门负债占总负债百分比

三、杠杆率

总体来看（见表 2 - 3），温州市总杠杆率从 2017 年的 39.12% 下降至 2021 年的 36.09%，年均下降了 0.76 个百分点。分部门来看，居民部门杠杆率从 2017 年的 26.51% 上升至 2021 年的 27.82%，年均上升了 0.33 个百分点；金融部门杠杆率从 2017 年的 98.59% 下降至 2021 年的 91.88%，年均下降了 1.68 个百分点；非金融企业部门从 2017 年的 71.74% 上升至 2021 年的 87.19%；政府部门从 2017 年的 9.54% 上升至 2021 年的 14.68%，年均上升了 1.29 个百分点；对外部门从 2017 年的 730.06% 下降至 2021 年的 464.82%，年均下降了 66.31 个百分点。

表 2 - 3 　　　　　　　 **2017～2021 年温州市各部门杠杆率** 　　　　单位：%

年份	总杠杆	居民部门	金融部门	非金融企业部门	政府部门	对外部门
2017	39.12	26.51	98.59	71.74	9.54	730.06
2018	39.07	25.63	99.53	74.18	10.61	615.74
2019	36.96	25.21	99.85	82.25	11.14	553.63
2020	36.39	25.88	96.68	85.33	12.73	573.32
2021	36.09	27.82	91.88	87.19	14.68	464.82

四、小结

总体来看，温州市资产负债表呈现出以下三个特点：

第一，资产规模稳步扩大，资产流动性相对恶化。无论是总资产，还是金融资产和非金融资产，规模扩张的速度均高于 GDP。同时，温州市的资产结构缓慢从金融资产转向非金融资产，资产的流动性呈现出缓慢恶化的迹象。

第二，负债规模逐步扩大，负债结构进一步优化。无论是负债总规模，还是各部门的负债，其增速均高于 GDP 但低于资产扩张。同时，居民部门、非金融企业部门和政府部门的负债占比逐步上升，金融部门和对外部门的负债占比则快速下降，温州市的负债结构得以进一步优化。

第三，杠杆率逐渐下降，各部门杠杆率变化方向不一。无论是温州市总杠杆率还是各部门的杠杆率，均有不同程度的下降。但从各部门来看，部门杠杆率变化速度差异较大。

第二节　温州市资金流量表

基于第二章资金流量表的编制方法，我们测算出了 2017～2021 年温州市的资金流量表（见表 2-4），表 2-4 提供了大量信息，这些信息可以为温州市以及浙江省相关经济政策的制定、企业决策和相关理论研究提供数据基础。基于这些表格，我们也总结出了关于温州市资金流量变化情况的一些基本特征。

表 2－4　2017～2021 年温州市资金流量表（非金融交易）

单位：亿元

交易项目	2017 年 运用	2017 年 来源	2018 年 运用	2018 年 来源	2019 年 运用	2019 年 来源	2020 年 运用	2020 年 来源	2021 年 运用	2021 年 来源
一、净出口		-988.7		-1097.7		-1468.5		-1566.4		-1660.4
二、增加值		5412.1		6039.8		6608.0		6870.9		7585.0
三、劳动者报酬	3698.6	3698.6	3451.5	3451.5	3998.0	3998.0	4260.0	4260.0	4778.6	4778.6
四、生产税净额	541.5	541.5	532.3	532.3	585.1	585.1	611.4	611.4	758.5	758.5
五、财产收入	556.9	556.9	632.9	632.9	724.2	724.2	877.0	877.0	986.1	986.1
（一）利息	526.0	526.0	599.5	599.5	688.7	688.7	840.0	840.0	945.0	945.0
（二）红利	30.9	30.9	33.4	33.4	35.5	35.5	37.0	37.0	41.1	41.1
（三）地租										
（四）其他										
六、初次分配总收入	514.1	5412.1	663.2	6039.8	629.1	6608.0	664.0	6870.9	703.3	7585.0
七、经常转移		711.7		876.1		862.8		881.6		942.6
（一）所得税财产税等经常税		197.6		212.9		233.7		217.6		239.3
（二）社会保险缴款	191.1	191.1	290.8	290.8	301.1	301.1	346.5	346.5	388.7	388.7
（三）社会保险福利	323.0	323.0	372.4	372.4	328.0	328.0	317.5	317.5	314.6	314.6
（四）社会补助										
（五）其他	64.1	64.1	74.3	74.3	83.1	83.1				

续表

交易项目	2017 年		2018 年		2019 年		2020 年		2021 年	
	运用	来源	运用	来源	运用	来源	运用	来源	运用	来源
八、可支配总收入		5609.7		6252.7		6841.7		7088.5		7824.3
九、实物社会转移										
十、调整后可支配总收入		5609.7		6252.7		6841.7		7088.5		7824.3
十一、实际最终消费	2790.6		3079.5		3919.5		4034.3		4936.5	
（一）居民实际最终消费										
（二）政府实际最终消费										
十二、总储蓄		1632.8		1862.6		1220.0		1270.1		988.1
十三、资本转移										
（一）投资性补助										
（二）其他										
十四、资本形成总额	4178.5		4516.9		5015.2		5015.2		5015.2	
（一）固定资本形成总额	4178.5		4516.9		5015.2		5015.2		5015.2	
（二）存货变动										
十五、其他非金融资产获得减处置										
十六、净金融投资	-2545.7		-2654.4		-3795.1		-3745.1		-4027.1	

43

一、非金融交易

（一）净金融投资

从非金融交易表上看，2021 年温州市非金融交易表的增加值为 5412.1 亿元，总储蓄为 988.1 亿元，扣除实物投资 5015.2 亿元后，得到净金融投资 −4027.1 亿元，总储蓄小于实物投资，说明居民部门实物投资中的一部分来自借贷资本，即形成了金融负债。2017～2021 年，净金融投资总额负值（即金融负债）呈现递增趋势，从 2017 年的 2545.5 亿元增加至 2021 年的 4027.1 亿元。

（二）调整后可支配收入和总储蓄

从非金融交易的主要资金来源看，生产成果经历第一层次的直接分配，即劳动者报酬作为收入成为温州市的最大资金来源，财产收入是第二层次分配，类型主要有利息、红利、地租等，2017～2021 年呈现出先快速增长的趋势，从 2017 年的 556.93 亿元增加至 2021 年的 986.1 亿元，其中利息收入和红利收入分别从 526.03 亿元和 30.9 亿元增至 2021 年的 945 亿元和 41.1 亿元，利息收入高于红利，可见温州的财产性收入主要依靠存款、债券等获取利息收益，股票投资获得红利则提供了小部分的财产收入，投资结构比较单一。从非金融交易的资金运用看，运用方向主要为劳动者报酬、支付贷款利息及社会保险缴款支出。温州市调整后可支配总收入，从 2017 年的 5412.17 亿元增长到 2021 年的 7585 亿元，增长了 40.15%，年均名义复合增长率为 8.8%，与 GDP 名义增长率基本持平。实际最终消费从 2017 年的 2790.6 亿元增长到 2021 年的 4936.5 亿元，增长了 76.9%，年均名义复合增长率为 15.33%，消费增速快于可支配收入增速和 GDP 名义增速。

二、金融交易

（一）资金运用

温州资金运用主要包括银行存款、保险准备金、债券发行和股票收益，2017～2021 年温州市所有部门的资金运用总额呈现出逐年增加的趋势（见表 2－5），从 2017 年的 1241.3 亿元增至 2021 年的 7306.5 亿元，增长了 488.62%，年名义复合增长率高达 55.76%。其中银行存款占据较大比重，温州市所有部门持有的银行存款呈现出逐年上升的趋势，从 2017 年的 662.2 亿元增至 2021 年的 1182.0 亿元，温州市依靠储蓄获取利息收入的意愿依然强劲。2017～2021 年债券投资也开始快增长，从 2017 年的 140.9 亿元迅速增至 2021 年的 489.6 亿元，增长了 247.48%，年复合增长率高达 36.53%。2020 年开始投资股票，数据显示，截至 2020 年 12 月 31 日收盘，上证指数全年涨 13.87%，深证成指全年涨 38.73%，创业板指全年涨 64.96%。上涨的行情点燃了温州股民的投资热情，2020 年、2021 年两年用于股票投资的资金分别高达 3188.9 亿元和 3487.3 亿元，占该两年资金运用总金额的近 50%。

表 2－5　　　　　2017～2021 年温州市资金流量表（金融交易）　　　单位：亿元

交易项目	2017 年		2018 年		2019 年		2020 年		2021 年	
	运用	来源	运用	来源	运用	来源	运用	来源	运用	来源
净金融投资										
资金运用合计	1241.3		2222.7		3005.2		7191.8		7306.5	
资金来源合计		1241.3		2222.7		3005.2		7191.8		7306.5
通货			50.0	50.0	45.6		18.3	18.3	57.1	57.1
存款	662.2	662.2	861.2	861.2	1419.8	1419.8	1695.2	1695.2	1182.0	1182.0
贷款	592.6	592.6	1366.4	1366.4	1559.1	1559.1	2016.4	2016.4	2183.5	2183.5
保险准备金	64.1	64.1	74.3	74.3	83.0	83.0	207.7	207.7	129.0	129.0
存款准备金	−218.5	−218.5	−258.4	−258.4	−383.3	−383.3	−243.1	−243.1	−164.9	−164.9
债券	140.9	140.9	179.2	179.2	326.7	326.7	326.7	326.7	489.6	489.6
股票							3188.9	3188.9	3487.3	3487.3

（二）资金来源

温州市资金主要来自银行存款、银行贷款和债券途径。银行存款是金融部门的主要资金来源。2017～2019年非金融企业部门的资金主要来自银行贷款，另外还有部分来源于企业债券，2020年和2021年非金融部门的资金股票和贷款，另外有少部分来自企业债券。居民部门的资金则主要来自银行贷款并呈现出快速上涨的趋势，从2017年的673.1亿元增至2021年的1131.3亿元，增长了68.07%，年复合增长率为13.86%。政府部门的资金主要来自政府债券，从2017年的56.7亿元增至2021年的254.7亿元。

三、小结

从上面的简要分析，我们可以得出以下两方面的结论：

（1）非金融交易方面，温州市呈现出"资金来源结构健康增长稳定、资金运用结构合理分配得当"的特点。在统计期间内，温州市非金融交易的资金主要来自劳动报酬、财产性收入和财产税净额三个方面，其中劳动报酬占了主要份额，财产性收入和财产税份额基本相当，呈现出了结构稳定健康，增速高于GDP的特点，为温州提供了较为坚实的资金基础。在资金分配方面，在扣除必要的税收和其他支出后，温州市总可支配性收入也呈现出了稳定增长的态势，为温州生产活动和生活活动提供了坚实的资金保障。在资金运用方面，温州市非金融交易的资金主要运用于消费和投资两个方面，其中投资所占份额相对较大，消费所占份额相对较小，这种结构在考察期间较为稳定，且两个科目的增长速度也相对较快，稳定和促进了温州生产活动的扩张、促进了人民生活水平的提高。不过，温州资金运用方面还存在着较大的缺口，净金融投资缺口不断扩大，一方面反映了温州市需要借助资本市场为其生产和生活活动提供资金支持，另一方面也反映了温州市金融系统较强的资金融通能力。

（2）金融交易方面，温州市的资金来源和运用呈现出结构相对不合理、增长不稳定的特点。2017～2019 年温州市非金融部门的金融交易资金主要来自银行贷款，少量来自债券，呈现出了资金来源单一的缺点，2020～2021 年非金融部门的金融交易资金则主要来自股票，其次是银行贷款，少量来自于债券，依然呈现出了结构不合理的特点。资金的运用也呈现出了同样的问题，2017～2019 年非金融部门金融交易资金主要用于存款，少量用于债券，2020～2021 年则主要用于股票，其次是银行存款，少量用于债券。

第三节　结论与建议

总体来看，温州市资产负债表和资金流量表充分反映了统计期间温州资产负债和资金流通的现状。

资产负债方面，统计期间，温州市资产规模稳步扩大，资产流动性相对恶化；负债规模逐步扩大，负债结构进一步优化；杠杆率逐渐下降，各部门杠杆率变化方向不一。资金流通方面，温州市非金融交易呈现出"资金来源结构健康增长稳定、资金运用结构合理分配得当"的特点。金融交易的资金来源和运用呈现出结构相对不合理、增长不稳定的特点。基于这些结论，我们对于不同部门，提出了一些建议。

一、居民部门

（1）要综合施策释放居民消费潜力，全面促进消费增长。面临当前复杂的国内外风险叠加和经济下行压力，温州政府要实施更为积极的就业政策，提高居民收入水平，建立健全居民收入增长的长效机制，重点提高居民的财产性收入，适当调节收入分配和支出结构，增加国民收入在初次分配中的劳动收入比重，同时实施简政减税降费政策，不断提高温州居民消费能力。不断提升住房、医疗、教育等社会保障水平，不断提升社会保障的覆盖面和公平度，加强对低收入群体的补助力度，为居民增加消费支出实现升级打下坚实的福利保障基础。

（2）要审慎控制居民杠杆水平，防范化解金融风险。在当前杠杆率快速上升背景下，在发挥居民杠杆对消费升级促进作用的同时，要关注居民杠杆率过度上升状况，审慎控制居民杠杆水平。金融监管机构需进一步规范消费信贷市场秩序，转变监管观念，加强动态监管能力，建立健全居民杠杆水平监测与分析系统，延伸监管范围，将民间借贷、小贷公司纳入其中，建立健全健康稳定的金融运行机制。

（3）要多措并举调控房市，加快构建房地产长效机制。一方面，推出"限地价、限房价"政策，依据房屋位置、品质、周边配套等合理设定地价和房价上限；另一方面，严格落实金融监管政策。严禁房地产企业和银行勾结，出台监管细则，纠正银行违规发放贷款行为，同时，利用数字化手段对购房者的资金来源予以审查，严厉打击首付贷、经营贷、信用卡贷等消费信贷资金违规流入房地产市场。此外，加大保障性租赁住房建设力度。

二、金融部门

（1）要加强商业银行产品与业务创新，强化对地方经济的金融支持。拓展资产管理业务品种，实现基金、保险、信托等多类资管产品的综合集成。同时，加强市场需求管理，明确主要客户定位开展精准营销，要拓宽直接融资渠道，地方政府应加大对金融债的政策支持。

（2）要深挖缴存资金潜力，助力商业银行流动性提升。要有效发挥在外温商资金活力，引导本土金融机构加强对在外温商的金融服务，吸引在外温商资本回归，助力存款增速增量上行。加快推进重点项目建设进度，积极引导银项对接，定期跟踪项目贷款签约投放进展情况，推动项目贷款应贷尽贷，并发挥贷款派生存款作用，推动存款增量上升。加强重点地区与薄弱机构的存款工作引导，强化金融机构和县市区政府的主体责任。

三、政府部门

要拓宽政府融资渠道，规范政府部门资本性支出。政府部门尤其是地方政府部门严重依赖金融资源平衡财政收入，形成了日益紧密的政府—金融企业小循环。同时，地方政府融资平台债务高企，资产质量差，导致政府收支可持续性脆弱。要重点规范地方政府的举债融资行为，推动包括公募房地产信托投资基金（REITs）等在内的金融创新项目，扩宽政府融资渠道，丰富资本市场投融资工具，在避免债务风险的前提下有效降低政府对金融企业信贷的依赖。

第二篇

温州市资产负债表和资金流量表

第三章

温州市居民部门资产负债表和资金流量表

本章在此前研究的基础上，编制了 2017～2021 年温州居民部门的资产负债表与资金流量表。随后，利用相关估算并结合其他理论研究与统计信息，对居民的财富积累、储蓄与消费行为以及居民杠杆过高等重大问题展开了纵向跨期分析和横向省（市）的比较。近年来，居民财富快速积累，但"藏富于民"尚有较大空间，同时，居民资产配置集中在住房领域的现象仍较为明显，金融资产配置也倾向于低风险、高流动性的传统项目。此外，在住房抵押贷款等项目的带动下，温州市居民债务风险上升速度较快，需要引起重视。基于以上分析，本章还讨论了保持居民财富持续积累、识别防范债务风险、引导房地产市场健康发展、促进消费需求等问题，并提出了若干建议与思路。

第一节　居民部门资产负债表的编制及分析

一、居民部门金融资产配置多元化

从资产负债表（见表 3 - 1）来看，2017～2021 年温州市居民总资产、负债、净资产（总资产与负债之差）的规模继续以较快速度扩张。2021 年末，温州市居民部门持有的金融资产约为 2.9 万亿元，居民负债 8276 亿元。其中，居民金融资产中占比最大的为居民持有的股票及股权，约占居民总金融资产的 43%，而全国平均水平仅为 16.1%。

表 3-1   2017~2021 年温州市居民部门资产负债表   单位：亿元

项目	2017 年		2018 年		2019 年		2020 年		2021 年	
	资产	负债	资产	负债	资产	负债	资产	负债	资产	负债
金融资产/负债	18238	4835	21350	5473	24646	6214	27604	7145	29749	8276
现金	325	0	362	0	396	0	412	0	455	0
存款	5753	0	6741	0	7712	0	8648	0	9316	0
贷款	0	4835	0	5473	0	6214	0	7145	0	8276
存款准备金	0	0	0	0	0	0	0	0	0	0
中央银行贷款	0	0	0	0	0	0	0	0	0	0
债券	180	0	211	0	220	0	247	0	266	0
股票及股权	9971	0	11683	0	13720	0	15385	0	16574	0
保险准备金	786	0	921	0	1045	0	1172	0	1263	0
资管产品	1223	0	1433	0	1551	0	1739	0	1874	0
非金融资产/负债	32500	0	34886	0	43880	0	51398	0	55731	0
住房	30822	0	33101	0	42008	0	49445	0	53621	0
城镇	28579	0	30633	0	39027	0	46347	0	50475	0
农村	2243	0	2467	0	2981	0	3098	0	3147	0
私人汽车	1447	0	1527	0	1588	0	1653	0	1775	0
固定资产	231	0	258	0	284	0	301	0	335	0
存货	0	0	0	0	0	0	0	0	0	0
在建工程	0	0	0	0	0	0	0	0	0	0
资产净值		45903		50763		62312		71858		77204
资产、负债与资产净值	50738	50738	56236	56236	68526	68526	79003	79003	85480	85480

值得注意的是温州市居民总资产、负债、净资产的增速均快于同期 GDP

增速，因此资本-产出比呈现上升的态势（见图3-1）。同时，相关比例的上升，即财富存量积累速度快于流量，也预示着某种风险和效率的损失：在很大程度上，这一现象的出现源于居民债务杠杆（债务/收入）的持续走高，而后者又主要由住房资产与相关贷款的扩张所致（见第三章第二节）。

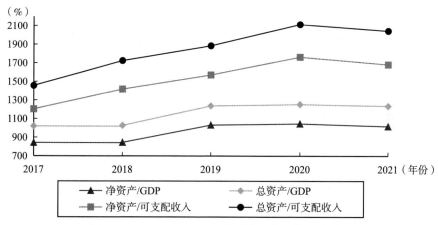

图3-1 2017～2021年温州市居民部门的资产扩张

分项目而言，促使近年来温州市居民资产扩张的主要动力为非金融资产。如图3-2所示，住房资产占总资产和净资产的比重除了在2018年稍有回落之外，2017～2021年总体呈现扩大趋势，住房占总资产的比例从2017年的55%上升至2021年的57%，住房占净资产的比例从57%上升至2021年的巅峰值69.45%。这些数据表明，在近年来频繁出台房地产调控的背景下，温州市居民财富积累仍然较为倚重住房资产，甚至这一特征还在不断强化。究其原因，可能在于：第一，住房资产作为居民生活不可或缺的资产，是居民生活的基本资产。拥有房产所有权是大多数家庭追求的生活目标也是生活保障，房产在为居民提供经济保障的同时，也会给予居民心理上的保障，增加居民的幸福感、安全感和快乐感（何晓斌，2020）。第二，早期拥有住房的家庭更能享受房产增值的财富效应，即房产价值激励家庭更多地持有风险资产。

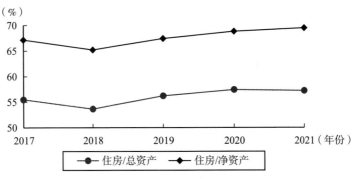

图 3-2　温州市居民家庭住房资产占比

关于金融资产方，近年来在相对规模趋减的同时，其项目结构保持了基本稳定（见图 3-3）。其中，"通货及存款"等传统、风险较低的资产形式仍高达近 26%；"股票及股权"大致反映了居民对企业部门资产的终极所有权加总，其占比从 2017 年的 43.22% 微微升至 2021 年的 43.59%，远高于全国平均水平 26.7%；在其余项目中，"贷款"占比略有提高，"保险准备金""债券""资管产品"占比减小。特别是后者，随着 2017 年来的"监管风暴"，其占总金融资产的比例不断下降。2017~2021 年"通货及存款"占比虽然仍然较高，但其总体呈现下降趋势，从 2017 年的 26.34% 小幅下降至 2021 年的 25.70%。受"储蓄文化"的影响，我国居民投资偏保守，但随着中国金融市场不断深化有所下降，居民部门的金融资产投资结构也变得更加多元化。与全国居民平均存款储蓄率（53%）相比，温州居民的存款储蓄率处在相对较低的水平。

在金融资产呈现多元化趋势的同时，居民贷款也快速上升。2021 年末温州市居民贷款余额为 8275.98 亿元，而 2017 年时温州市的居民贷款余额仅为 4835.05 亿元，2017~2021 年温州市居民贷款的复合平均增速达到了 14.3%，居民杠杆率快速上升。综合居民金融资产和负债来看，温州居民部门的金融资产负债率仍处于较低的水平（见图 3-4），2021 年负债与金融资产之比为 21.76%。其中负债大部分来自于居民贷款，温州市 2021 年居民贷款与 GDP 之比达到 109.11%，而全国整体水平仅为 58%。自 2002 年开始，温州市区旧城

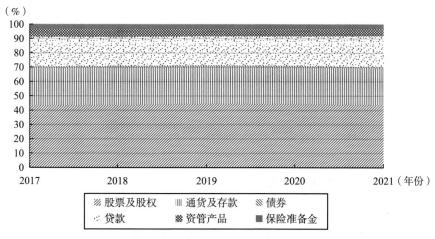

图 3 - 3　温州市居民金融资产结构

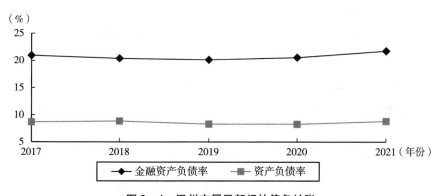

图 3 - 4　温州市居民部门的债务扩张

改造和拆迁力度较大，二手房交易市场活跃，个人住房贷款规模也增速较快。2005～2015 年，个人住房贷款余额从 211 亿元跃升至 1024 亿元，复合增速高达 17%。居民住房贷款快速增长是温州市居民债务增速较快的直接原因。

　　在对应的负债方，考察期内居民贷款（作为唯一的负债大项）的增幅快于资产，导致居民资产负债率（负债/总资产）和金融资产负债率（负债/金融资产）继续呈现上升态势。其中，负债规模的扩张又主要由"住房贷款"

的迅速膨胀导致，因此从负债的视角也表明，近年来温州居民资产负债表的扩张同房地产市场发展及相关的金融活动高度相关。

上述的债务扩张直接同居民部门的债务风险相关，大致看来温州居民的债务风险呈现出水平较低，但上升速度较快的特点。尽管存在一定的问题与风险，但目前温州市居民贷款的安全性整体较高，2017 年末全市银行不良贷款率降至 1.92%，实现连续四年下降，到 2021 年不良贷款率降至 0.79%，不良率连续下降的背后是温州经济的持续向好。

二、居民部门杠杆变化

居民杠杆率（负债/可支配收入）表现为居民的债务负担和偿债能力，杠杆率越高，居民负担越重，偿还压力越大，也越容易出现金融风险。居民部门杠杆率的提高主要来自负债行为的增加，以往不少学者针对家庭债务与消费之间的关系展开了研究，发现债务所提供的资金对消费起到了积极的正向作用。而消费作为国民经济"三驾马车"之一，一直以来都是拉动我国经济增长的重要动力，"十四五"规划中明确要求促进居民消费升级、提升传统消费、培育新型消费以及健康发展住房消费，使消费成为新发展格局的战略基点。缅等（Mian et al.，2013）、姚等（Yao et al.，2015）研究发现：高杠杆家庭拥有更高的消费倾向，当财富增加相同幅度，高杠杆家庭消费支出更高。李若愚（2016）认为，我国居民部门的杠杆率低于债务阈值，仍有上升空间，并可以通过家庭举债来促进居民消费增加。丁红英（2019）构建省级面板回归模型，结果显示，居民杠杆率与消费呈正相关。

如图 3-5 所示，温州市居民部门杠杆率总体呈现上升趋势，由 2017 年的 126.69% 上升到 2021 年的 180.51%，上升了 53.82 个百分点，年均增长 13.45 个百分点。而居民部门的杠杆率的回升主要是受消费性贷款和个人经营性贷款的带动，在信用环境较为宽松的情况下，居民加杠杆的意愿也有所上升，未来居民部门杠杆率仍将继续上升。

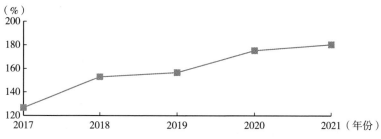

图3-5　2017~2021年温州市居民部门杠杆变化

从趋势来看（见图3-6和图3-7），2018~2021年市温州市居民资产扩张速度放缓，负债扩张速度上升。如图3-6所示，温州市居民资产增速由2018年的11.40%下降至2021年的8.83%，尤其2021年，经过几年的疫情冲击，居民资产增速大幅回落，但负债规模增速持续增大。

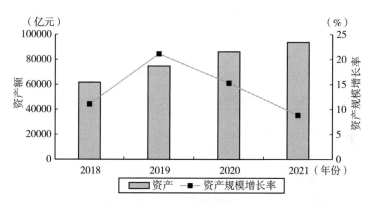

图3-6　2018~2021年温州市居民资产规模及增速变化

当前温州市居民消费领域仍然存在不少问题，面临较多制约因素。首先，在消费支出方面（见图3-8），2017~2021年温州市居民的消费收入比值呈上升趋势，且截至2021年消费收入占比远超我国居民平均水平，达到93%；其次，居民消费越来越依赖于信贷。消费贷款类型多样，如住房贷款、装修贷款、汽车贷款、教育贷款、耐用消费品贷款等，商业银行各种消费贷产品层出不穷，一些人群依靠借用消费贷来维持消费水平，而借贷水平越高，需要偿还的利息越多，工资收入中能用于消费的部分就越少，对举债消费的依赖程度也随之越来越深，家庭消费的不稳定性和脆弱性加剧（黄宝竹和陈享光，2023）。

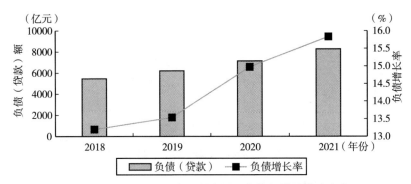

图 3 – 7   2018～2021 年温州市居民负债规模及增速变化

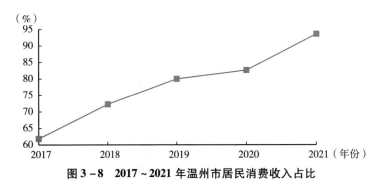

图 3 – 8   2017～2021 年温州市居民消费收入占比

三、住房对消费的影响

居民住房是家庭资产的重要形式，住房价格平稳对宏观经济健康发展与微观家庭福祉有着重要影响。《中华人民共和国国民经济和发展第十四个五年规划和 2035 年远景目标纲要》提出："坚持房子是用来住的、不是用来炒的定位，加快建立多主体供给、多渠道保障、租购并举的住房制度，让全体人民住有所居"。重申这一定位体现党对广大群众最根本利益的关注，是解决民生问题的重大举措。如前文所述，温州市居民住房资产的不断累积及其相关贷款的不断膨胀，整体呈现上行态势，即使在新冠疫情的冲击下也未发生改变。在此背景下，居民持有的存量财富，特别是快速增长的住房资产如何影响其消费支出就成为我们需要研究的重要理论与政策议题。

从理论上看，多位学者曾研究过住房财富对居民消费的影响。对于住房财富对消费的影响存在两种相反观点。一种观点认为，住房价格上涨促进家庭消费，即住房对消费的影响呈"财富效应"。况伟大（2011）认为，房价上升会使家庭住房消费减少，非住房消费增加。何兴强和杨锐锋（2019）通过分析房价收入比对住房财富效应的影响，认为住房资产对家庭消费具有财富效应，但房价收入比会抑制住房财富效应。薛晓玲和臧旭恒（2020）研究发现：房价上升通过增加家庭可支配收入，并降低家庭储蓄率从而促进家庭消费增长。另一种观点认为，房价上升抑制了家庭消费，表现为"挤出效应"。李春风等（2014）发现，房价上涨会对消费造成直接和间接的抑制作用。朱诗娥和顾欣（2021）分析房价收入比对平均消费倾向的影响，认为房价高企导致消费需求不足。张学超（2020）研究发现，货币政策使住房价格对居民消费率影响呈非线性效应。

国家统计局和温州市统计局相关数据显示，2008 年后，受金融危机等因素的影响，"温州炒房团"名声远扬，大量的资金流向了房地产行业，温州市在 2010 年的房价为 32333 元/平方米，单价位列我国前 20 城市房价第一名，超过了"北上广深"等城市，随着国家宏观调控政策的出台，温州市房价经历了 2011～2014 年房价深跌，又到 2015～2018 年上半年成交量和价格双升态势，平稳运行，2018 年下半年开始，楼市转冷，2019 年楼市价格有所回调，2020 年较 2019 年小幅上涨，2021 年受新冠疫情影响，房价回落。在成交量和销售额方面，根据对温州市房地产中介机构的走访调查，温州市自 2010 年起商品房和商品住宅的销售面积和销售额呈现逐年上升的态势，除 2021 年受新冠疫情影响，销售面积和销售额有所回落。

住房价格波动对消费的影响渠道是复杂的。一方面，住房价格对居民的消费有正向影响。对拥有住房的家庭来说，住房价格上涨意味着居民拥有的住房财富增加，住房财富的增加可以通过房地产价格上升带来的总体财富增长刺激家庭消费。同时，当房地产价格上升成为居民的预期，投资者认为未来自身财富将增加，于是"未兑现的财富效应"促使家庭消费增加。住房财富上涨也使住房持有人具有更高的信贷额度，从而拥有更充裕的流动性，这将进一步提高家庭消费能力。然而，住房价格上升对家庭消费也有不利的影响。对于无房家庭意味着租房成本上升，在收入不变前提下将挤出其他类型消费。另一方面，住房贷款是家庭负债的主要构成部分，房价波动影响家庭杠杆率变化，家庭杠杆率水平的变化影响家庭资产的流动性，从而对消费产生影响。在家庭杠杆率水平处于一定阶段时，家庭债务使家庭资产流动性水平提高，家庭仍然有较高的消费倾向和消费水平。但是，当家庭杠杆率水平超过一定程度时，家庭将面对刚性的还款压力，家庭资产流动性收紧，家庭不得不将资产用于还清债务，这种行为将挤出家庭消费能力。此时，即便住房价格上升对消费存在财富效应，家庭消费能力也会被高杠杆率水平导致的资产流动性约束削弱。

综上所述，通过分析资产负债表发现 2017～2021 年温州市居民总资产、负债、净资产规模以较快增速扩张，从金融资产来看，温州市居民投资的产品种类呈现多元化特征，2021 年末，居民持有的股票及股权在居民金融资产中占比最大，约占居民总金融资产的 43%，而全国平均水平仅为 16.1%。尽管如此，促使近年来温州市居民资产扩张的主要动力在于非金融资产，住房投资虽经历了国家房地产政策的调控，但是温州市居民财富积累仍然较为倚重住房资产。在此"偏好"下，温州市居民债务增速呈现较快的特征，究其原因，居民住房贷款快速增长构成了温州市居民债务增速较快的直接原因，居民部门杠杆率总体呈现上升趋势，由 2017 年的 126.69% 上升到 2021 年的 180.51%，上升了 53.82 个百分点。代表性的如 2021 年，温州市居民贷款与GDP 之比达到 109.11%，而全国整体水平仅为 58%。杠杆率、房地产、消费等是关乎温州市发展不可绕开的话题，未来温州市应审时度势，规范房地产市场发展，防范高杠杆风险，关注居民部门经济行为，不断提升居民消费能力。

第二节　居民部门资金流量表的编制及分析

一、非金融交易

温州市居民部门资金流量表（非金融交易）的编制如表 3-2 所示。

表 3-2　2017～2021 年温州市居民部门资金流量表（非金融交易部分）

单位：亿元

项目	2017 年 运用	2017 年 来源	2018 年 运用	2018 年 来源	2019 年 运用	2019 年 来源	2020 年 运用	2020 年 来源	2021 年 运用	2021 年 来源
一、增加值		955.1		1031.5		1140.3		1257.8		1425.2
二、劳动者报酬	759.2	3698.6	768.3	3451.5	966.7	3998.0	1006.6	4260.0	1146.4	4778.6
三、生产税净额	68.2		68.2		72.1		74.6		89.8	
四、财产收入	210.3	101.5	238.1	119.7	270.3	136.3	288.3	118.5	389.2	759.0
（一）利息	210.3	84.3	238.1	99.3	270.3	114.0	288.3	96.2	389.2	333.9
（二）红利		17.3		20.4		22.3		22.3		425.1
（三）地租										
（四）其他										
五、初次分配总收入		3717.5		3528.2		3965.5		4266.8		5337.4
六、经常转移	253.8	352.6	359.2	408.8	363.1	362.6	411.2	317.5	467.1	314.6
（一）所得税、财产税等经常税	62.7		68.4		62.0		64.7		78.4	
（二）社会保险缴款	191.1		290.8		301.1		346.5		388.7	
（三）社会保险福利		323.0		372.4		328.0		317.5		314.6
（四）社会补助		8.3		8.8		8.6				
（五）其他		21.3		27.6		26.0				
七、可支配总收入		3816.3		3577.8		3964.9		4173.1		5184.9

续表

项目	2017年 运用	2017年 来源	2018年 运用	2018年 来源	2019年 运用	2019年 来源	2020年 运用	2020年 来源	2021年 运用	2021年 来源
八、调整后可支配总收入		3816.3		3577.8		3964.9		4173.1		5184.9
九、居民实际最终消费	2360.3		2586.6		3172.0		3366.3		4291.7	
十、总储蓄		1456.0		991.2		793.0		806.8		893.2
十一、资本形成总额	1024.2		1176.8		1200.3		1200.3		1200.3	
（一）固定资本形成总额	1024.2		1176.8		1200.3		1200.3		1200.3	
（二）存货变动										
十二、其他非金融资产取得减处置	-308.9		-443.7		-394.4		-474.3		-444.4	
十三、净金融投资	431.9		118.3		36.3		80.8		137.3	

（一）净金融投资

从非金融交易表上看，2021 年温州市非金融交易表的居民部门增加值为 1435.2 亿元，总储蓄为 893.2 亿元，扣除实物投资 1200.3 亿元后，加上非金融企业部门为居民部门提供的其他非金融资产收入 444.4 亿元，即其他非金融资产获得减处置项，得到净金融投资 137.3 亿元，总储蓄小于实物投资，说明居民部门实物投资中的一部分来自借贷资本，即形成了金融负债。2017 ~ 2021 年，净金融投资总额呈现先递减后上升的趋势，起初下降速度较快，后转为平缓上升（见图 3 -9）。

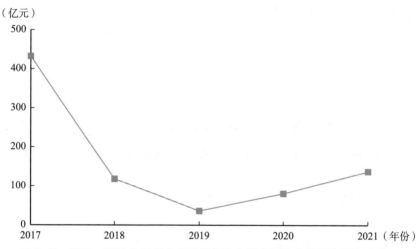

（亿元）

图 3 - 9　2017 ~ 2021 年温州市居民部门非金融交易净金融投资的变动情况

（二）调整后可支配收入和总储蓄

从非金融交易的主要资金来源看，生产成果经历第一层次的直接分配，即劳动者报酬作为收入成为居民部门的最大资金来源，财产收入是第二层次分配，类型主要有利息、红利、地租等，2021 年共获得 759 亿元收入，其中利息收入和红利收入分别为 333.9 亿元和 425.1 亿元，红利收入高于利息收入，可见温州市居民股票投资获得红利提供了较大部分的财产收入，依靠存款、债券等获取次要利息收益，二者差距不大，总体看来投资结构比较单一。从非金融交易的资金运用看（见图 3 – 10），运用方向主要为劳动者报酬、支付贷款利息及社会保险缴款支出。温州市居民部门的调整后可支配总收入，从 2017 年的 3816.3 亿元增长到 2021 年的 5184.9 亿元，增长 1.6 倍，呈上升趋势。实际最终消费从 2017 年的 2360.3 亿元增长到 2021 年的 4291.7 亿元，增长 1.82 倍，呈上升趋势，消费增速快于可支配收入增速。

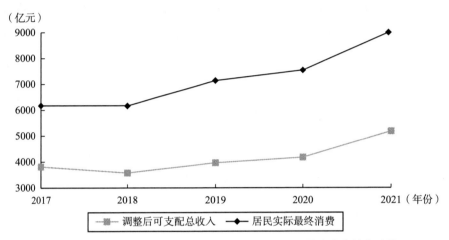

图 3 – 10　2017 ~ 2021 年温州市居民部门非金融交易最终消费的变动情况

二、金融交易

温州市居民部门资金流量表（金融交易）的编制如表 3 – 3 所示。

表 3 – 3　　2017 ~ 2021 年温州市居民部门资金流量表（金融交易部分）　单位：亿元

项目	2017 年		2018 年		2019 年		2020 年		2021 年	
	运用	来源	运用	来源	运用	来源	运用	来源	运用	来源
净金融投资	− 99.3		474.9		408.7		1824.2		− 234.3	
资金运用合计	573.8		1113.1		1149.6		2754.8		897.0	
资金来源合计		673.1		638.2		740.9		930.6		1131.3
通货			37.3		34.5		15.8		42.9	

续表

项目	2017 年		2018 年		2019 年		2020 年		2021 年	
	运用	来源	运用	来源	运用	来源	运用	来源	运用	来源
存款	481.8		1003.4		980.9		936.0		668.3	
贷款		673.1		638.2		740.9		930.6		1131.3
保险准备金	54.9		62.4		67.3		126.9		90.6	
债券	37.1		47.3		101.4		26.7		19.1	
政府债券	1.7		2.1		2.7					
金融债券	14.2		21.9		56.5					
企业债券	21.3		23.2		42.2					
股票							1665.2		119.0	

（一）资金运用

温州市居民部门资金运用主要包括银行存款、保险准备金、债券发行和股票收益，其中银行存款占据较大比重（见图 3－11），但自 2018 年开始居民持有的银行存款有逐年下降趋势，温州居民依靠储蓄获取利息收入的意愿下降。对居民部门而言，存款风险极低，银行倒闭少见，尚有 50 万元保证提取的底线。其他资产来源广杂，例如，理财产品不保本但利息高于存款，资产风险要高不少。债券投资从 2019 年开始也出现了大幅下降，温州市居民将资金转移到股票市场，2020 年开始投资股票，且在 2020 年股票收入创新高，数据显示，截至 2020 年 12 月 31 日收盘，上证指数全年涨 13.87%，深证成指全年涨 38.73%，创业板指全年涨 64.96%。上涨的行情点燃了温州市股民的投资热情，2020 年 12 月末资金开户数 209.8 万户，全年新增 13.6 万户，全年资金净流入 221.8 亿元。此外，"温州板块"大面积翻红，74 家"A 股温州系"上市公司 2020 年总市值达 1.16 万亿元，正泰电器成 2020 年最赚钱的企业。受经济不景气影响，股票收益在 2021 年呈现大额减少。温州居民在保险准备金方面获取的收入有逐年递增趋势，反映出其逐渐增强的保险意识，倾向运用保险机制分散风险。

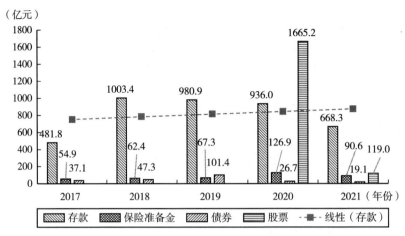

图 3 - 11　2017～2021 年温州市居民部门金融交易资金运用情况

（二）资金来源

　　温州市居民部门资金来自银行贷款途径，整体贷款金额呈现逐年增长趋势（见图 3 - 12），银行为居民提供了大量的资金以供使用。值得注意的是，近年来金融部门向居民部门提供的贷款大于居民部门存在金融部门的存款。由图 3 - 13 可见，2008 年后，居民部门的贷款比存款的比值在 2017 年达到一定峰值后，2018 年开始幅度下降，2019 年开始逐年上升，但低于 100%，反映出居民减少了贷款，调整了预期，在不确定性增大情况下，追求风险最小化。在 2021 年，贷款比存款的比值突破 2017 年的值，表明居民预期调整，看好经济形势。

（三）小结

　　综上所述，从资金流量表中的非金融交易表来看，温州市居民实物投资中的一部分来自借贷资本，即形成了金融负债，这一点可以进一步结合金融交易表来看，居民部门一直有获得贷款，贷款比存款的比值在 2017 年达到一定峰值后，2018 年开始幅度下降，2019 年开始逐年上升，但低于 100%，反映出居民减少了贷款，调整了预期，在不确定性增大情况下，追求风险最小

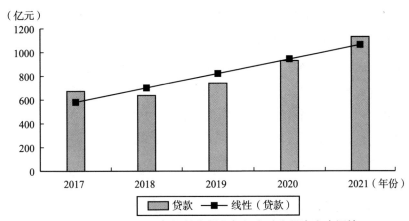

图 3 - 12　2017 ~ 2021 年温州市居民部门金融交易资金来源情况

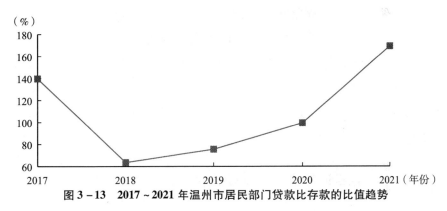

图 3 - 13　2017 ~ 2021 年温州市居民部门贷款比存款的比值趋势

化。在 2021 年，贷款比存款的比值突破 2017 年的值，表明居民预期调整，看好经济形势下增加贷款额度，从而进行投资。

第三节　结论与政策启示

一、综合施策释放居民消费潜力，全面促进消费增长

受国内外新冠疫情的影响，国内外经济遭受冲击，随着国外疫情的持续蔓延，全球部分国家经济环境快速恶化，许多传统出口型企业面临经营困难，

企业用工岗位减少，对员工收入水平产生负面影响。在此背景下，温州市政府要实施更为积极的就业政策，提高居民收入水平，建立健全居民收入增长的长效机制，重点提高居民的财产性收入，适当调节收入分配和支出结构，增加国民收入在初次分配中的劳动收入比重，同时实施简政减税降费政策，不断提高温州市居民消费能力。不断提升住房、医疗、教育等社会保障水平，不断提升社会保障的覆盖面和公平度，加强对低收入群体的补助力度，为居民增加消费支出实现升级打下坚实的福利保障基础。

二、审慎控制居民杠杆水平，防范化解金融风险

居民杠杆上升对消费升级产生促进效应，但杠杆率越高，消费增速越低，对消费升级的边际效应逐步降低。在当前杠杆率快速上升背景下，在发挥居民杠杆对消费升级促进作用的同时，要关注居民杠杆率过度上升状况，审慎控制居民杠杆水平。金融监管机构需进一步规范消费信贷市场秩序，转变监管观念，加强动态监管能力，建立健全居民杠杆水平监测与分析系统，延伸监管范围，将民间借贷、小贷公司纳入其中，为政策实施、宏观决策提供参考。

三、多措并举调控房市，加快构建房地产长效机制

坚决贯彻党中央对房地产的调控思路，坚守"房子只住不炒"底线，不将房地产作为短期刺激经济的手段，保持温州市调控政策连续性稳定性。一方面，推出"限地价、限房价"政策，依据房屋位置、品质、周边配套等合理设定地价和房价上限；另一方面，严格落实金融监管政策。严禁房地产企业和银行勾结，出台监管细则，纠正银行违规发放贷款行为，同时，利用数字化手段对购房者的资金来源予以审查，严厉打击首付贷、经营贷、信用卡贷等消费信贷资金违规流入房地产市场。此外，加大保障性租赁住房建设力度。针对新温州人普遍反映的"房租贵""房子小"等问题，尽快出台政策推进租房市场改革，在充分调研的基础上，为新温州人提供位置更便利、价格更便宜、房屋面积能容纳更多家庭成员的住房。

第四章

温州市金融部门资产负债表和资金流量表

根据《2008 年国民经济核算体系》（SNA 2008）以及美国的编制经验可知，金融部门资产负债表细分为多个子部分资产负债表，包括货币当局资产负债表、存款性公司资产负债表、保险及私人养老基金资产负债表等。限于数据可得性，温州市金融部门的资产负债表和资金流量表仅从合并报表的角度进行整体分析。

本章的结构如下：围绕金融部门资产负债表和现金流量表两张表，分别从资产端和负债端、金融交易和非金融交易维度进行报表总体分析和结构分析，总结温州市金融部门资金存量和增量的一致性关系。

第一节　金融部门资产负债表的编制及分析

温州市金融部门资产负债表的编制如表 4 – 1 所示。

表 4 – 1　　　　　　2017 ~ 2021 年温州市金融部门资产负债表　　　　　单位：亿元

项目		2017 年	2018 年	2019 年	2020 年	2021 年
资产	现金	56	63	69	71	79
	存款	1120	723	598	703	747

续表

项目		2017 年	2018 年	2019 年	2020 年	2021 年
资产	贷款	8603	9971	11530	13557	15748
	存款准备金	1688	1582	1593	1627	1536
	债券	3166	3604	4072	4788	5562
	股票及股权	1753	1611	1640	1928	2240
	保险准备金	0	0	0	0	0
	资管产品	2892	2578	2404	2827	3284
	固定资产	69	80	92	108	126
	资产总额	19347	20211	21997	25609	29322
负债	现金	0	0	0	0	0
	存款	10875	11737	13156	15032	16214
	贷款	0	0	0	0	0
	存款准备金	0	0	0	0	0
	中央银行贷款	533	572	602	678	654
	债券	92	113	113	102	62
	股票及股权	567	623	684	768	567
	保险准备金	1884	2126	2399	2712	3043
	资管产品	5123	4947	5010	5468	6402
	负债总额	19075	20117	21965	24759	26941

一、资产端的总体分析

（一）资产总体规模

截至 2021 年末，温州市金融部门总资产 29321.74 亿元，为 GDP 的 3.87 倍。如图 4 - 1 所示，2018 ~ 2021 年金融部门总资产的增速呈现整体增长趋势，年均增速 10%。2021 年总资产规模的增速为 14.50%，高于同期我国金融机构 8.1% 的总资产增速；较 2020 年同期跌幅 1.93 个百分点，该变化与贷款增速数据吻合，而贷款是金融体系最核心的资产构成。故背后的原因可解释为，2021 年受新冠疫情影响企业停工停产，贷款等融资需求下滑较多，最终导致金融机构的资产规模增速回落。

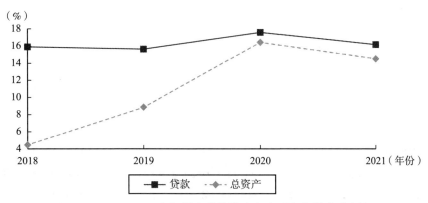

图 4 - 1　2018～2021 年温州市贷款增速和金融资产增速对比情况

（二）资产规模/GDP

截至 2021 年末，温州市金融部门总资产/GDP 比值为 3.87，创 2017～2021 年新高。该指标可以表示金融部门的资金运行效率，也可以反映金融中介服务的成本。金融部门总资产规模越大意味着产生相同 GDP 所需要的金融资产越多，金融中介的成本相对较高。根据图 4 - 2，2017～2019 年该指标呈现递减趋势，2020～2021 年不断突破新高，说明近年来温州市的单位 GDP 所需金融资产体量增大，金融部门资金运行效率有所降低。

（三）资产端杠杆率

国家资产负债表研究中心（CNBS）对资产端金融部门杠杆率的界定概念为金融部门债务与名义 GDP 的比值，其中金融部门债务从资产方统计为其他存款性公司对其他存款性公司债权和对其他金融机构债权。因此资产端金融杠杆率主要体现的银行部门流入非银行金融机构的信用规模。在本书中，限于数据可得性，对金融部门债务的核算标准定义为资产端的存款

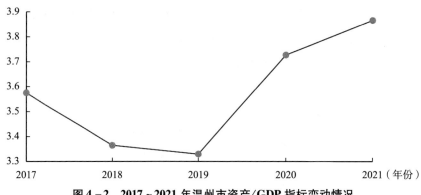

图 4 − 2　2017 ~ 2021 年温州市资产/GDP 指标变动情况

规模。由图 4 − 3 可知，自 2017 年金融去杠杆以来，资产方核算的金融部门杠杆率持续下降，反映的是影子银行信用创造规模的不断下降。2020 年资产端金融杠杆率回升主要是整体信用环境的宽松，再加上金融去杠杆接近尾声。2019 ~ 2021 年非金融部门杠杆率的上升与新冠疫情打击企业经营、政策端发力等因素有关，目前货币政策仍然稳中偏松。对于实体经济的支持力度不减，但是新冠疫情的影响逐渐消退。企业经营步入正轨，杠杆大幅度扩张的空间较小。

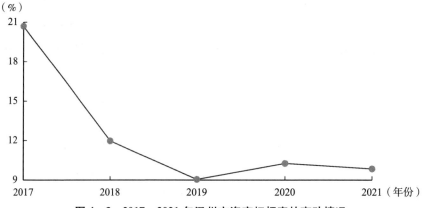

图 4 − 3　2017 ~ 2021 年温州市资产杠杆率的变动情况

二、资产结构分析

(一) 贷款结构

金融部门对非金融机构债权和对其他居民部门债权构成了资产端的主要部分，主要反映在贷款投放情况。从贷款资产占比来看，2017～2021 年，金融机构贷款规模占总资产规模数据呈现逐步上升趋势（见图 4－4），从 2017 年的 44.46% 提升到 2021 年的 53.71%，占据金融机构资产的半壁江山，主要归因商业银行在我国金融体系中占据非常重要的位置，贷款是最为典型的间接融资方式。同期，全国贷款规模的资产占比整体呈现下跌趋势，长期来看，间接融资向直接融资转变的融资结构势显现。因此，从当前的国内大环境分析来看，温州市贷款规模的资产占比，未来将有下跌空间。从贷款增速来看，2021 年温州以 "1＋1＋N" 金融创新专项行动为主抓手，充分发挥金融业考核和监管评级考核的 "指挥棒" 作用，温州市全市各项贷款余额15748.21 亿元，较年初增加 2186.1 亿元，同比增长 16%，处于 2017～2021年贷款增速的平均水平，增速稳定。从贷款结构分析，温州市贷款投放进一步向重点领域倾斜，民营经济贷款增加 985.9 亿元，同比增长 17.4%；制造业贷款增加 301.6 亿元，同比增长 16.4%；小微企业贷款增加 1100.4 亿元，同比增长 20.6%，增速均远超同期贷款增速，增量均超年度目标任务。在不良贷款风险处置方面，成效显著。2020 年末，温州市不良贷款余额107.3 亿元、不良率 0.79%，分别比最高峰（2014 年 4 月）下降 236.6 亿元、3.9 个百分点，不良率降至浙江省全省平均水平以下，并获得省政府督查激励和 "浙江公共管理创新案例十佳创新奖"。2021 年，温州市不良贷款率降至 0.6%，比浙江省全省平均低 0.14 个百分点。

(二) 资管产品结构

2017～2021 年，金融机构资管产品的规模占比呈现逐步下跌趋势，年均

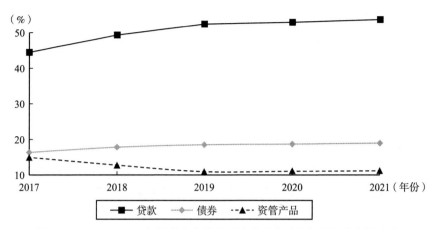

图4-4　2017～2021年温州市各类金融资产在金融部门总资产中的占比

占比12.17%，2021年占比为11.20%。归因于2008年国际金融危机的宏观大背景，大量信用的投放是通过影子银行方式进行的，这部分新增信用的资金来源依然是传统商业银行，但最终表现形式是信托资管计划、私募股权基金、公募基金专户等，形成了大量的证券投资基金产品。由此形成了传统金融机构对大量证券投资基金的持有，再依靠这些基金向实体经济提供信用，从而达到绕过监管的效果。因此，从根本上说，中国在2017年前证券投资基金份额的大量增长，来自监管套利，而并非金融创新2017年强监管的环境也就势必打压这部分资产规模，造成基金占比下降。从长期趋势来看，中国金融供给侧结构性改革的主要方向依然是间接融资向直接融资的转型，在更为严格且统一的金融监管框架下，未来这部分资产仍是具有重要意义的。温州市"十三五"期间实现新增直接融资1315.9亿元，创新全国首单技术产权证券化产品，发行浙江省首单中债增信用增进中长期民企债券。基金创投新业态加速汇聚，平阳南麂基金岛顺利建成运营，入选温州市首批市级特色小镇，吸引2049家私募基金及管理公司入驻，资管规模达1106.6亿元。

（三）债券结构

2015年新《预算法》实施后，地方政府债券规模上升，且这部分债券几乎全部持有在以商业银行为主的金融机构手中，因此温州市债券在金融机构总资产占比在 2017～2021 年呈现逐年上升趋势。但该占比仍低于美日等发达国家，反映了温州市实体经济资金来源较为单一，仍以银行贷款为主。同时也反映了金融机构在资产配置上的单一化。在一个以直接融资为主体的金融结构中，债券是非常关键的融资工具，金融机构所持有的债券规模的占比也应较高。中国金融部门持有的债券规模占比仍将有一个上升的趋势，但地方政府债券的拉动作用将逐渐减弱。

三、负债端的总体分析

（一）负债总体规模

2017～2021 年温州市金融部门总负债年度增幅数值分布区间为 5.46%～12.72%，整体呈现波动上升趋势。至 2021 年末，金融部门总负债 26941 亿元。在上述期间，金融部门总负债与总资产各年度增幅数值相近，长期波动变化趋势完全一致（见图 4-5）。

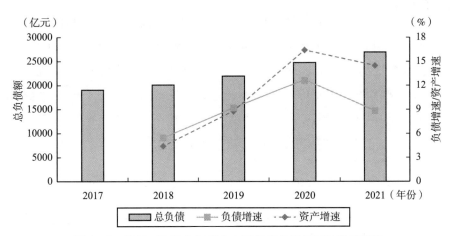

图 4-5　2017～2021 年温州市金融部门负债总量及增长趋势

从负债/资产比来看（见图4-6），2017年末，温州市金融部门总负债与总资产比值为98.94%。2017~2021年这一"负债资产比"数值基本表现为波动下行趋势，2017~2019年小幅上升，自2019年起大幅下行，至2021年末，负债资产比为92.28%。因为总资产等于总负债加所有者权益，所以金融部门"负债资产比"长期下行的趋势，反映了金融机构整体的资本实力在不断提升，抗风险能力也在不断提升。

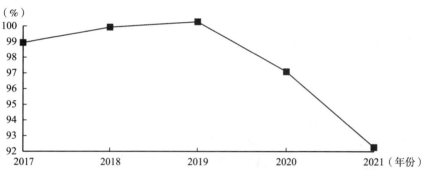

（%）

图4-6 2017~2021年温州市金融部门负债/资产比变动趋势

（二）存贷比

2017~2021年温州金融部门存款余额与贷款余额差距持续缩小，净存款余额由2017年的2272亿元收窄至2021年的466亿元，存贷比持续上升。与浙江省全省平均水平对比来看，2018~2020年浙江省金融机构存贷比为91.58%，93.68%和95.9%，与温州市上升趋势相同（见图4-7），温州市存贷比略低于省平均水平，但隐含风险需谨慎对待，持续上升的存贷比在一定程度上意味着金融机构可能存在过度信贷扩张的风险。

（三）负债端杠杆率

金融部门债务从负债端统计为其他存款性公司对其他存款性公司负债、对其他金融性公司负债和债券发行。在本书中，限于数据可得性，通过负债端的总存款规模减去居民、企业及政府部门的存款余额来计算同业存款负债，

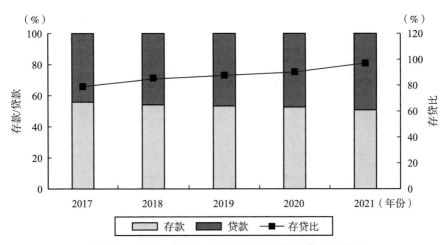

图 4 – 7　2017～2021 年温州市金融部门存贷对比情况

再加上负债端债券规模（约 97% 以上为同业交易），由此来计算负债端金融部门债务，进而计算负债端金融部门杠杆率。由图 4 – 8 可以看出，2017～2021 年负债端杠杆率呈现稳步下降态势，这与我国自 2017 年开始的去杠杆和金融监管背景密切相关，银行同业业务规模大规模压缩，进而导致对其他存款性公司负债规模持续下降。整体来看，温州市负债端杠杆率较低，金融机构负债主要来自于非金融部门，其中以居民和非金融企业为主，资金空转

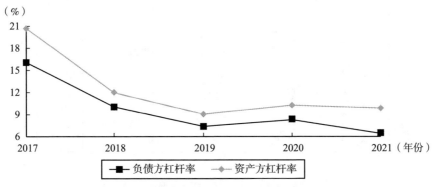

图 4 – 8　2017～2021 年温州市资产端和负债端杠杆率对比

嵌套的情况较少。另外，和资产端杠杆率对比来看，两者整体走势趋同，但资产端始终大于负债端，这说明商业银行借出资金规模大于借入资金的规模，呈现净借出的状态，非银行金融机构的资金需求更强。

四、负债结构分析

（一）存款仍占最大比重，且呈逐年上升趋势

金融部门的资金来源以存款为主，此外还有发行债券、股票及股权投资、保险准备金以及资管产品等。图4-9显示，随着金融体系的发展，其他金融资产与存款之间的界限越来越模糊，分流了部分存款。但自2016我国去杠杆政策以来，国家对金融部门的监管愈发趋严，叠加2017年在商业银行回归服务实体经济的驱动下，2017～2021年温州市存款总额呈逐年增长态势，且在总负债中的占比也逐年上升，占比年均高于50%，仍然为温州市金融部门负债的主要来源。

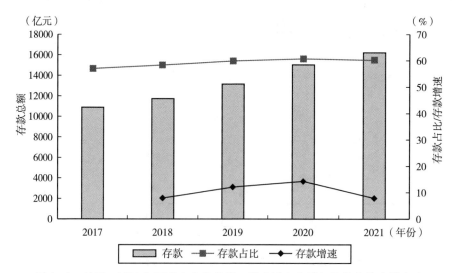

图4-9　2017～2021年温州市存款总额、增速及在金融部门总负债中的占比

（二）非存款负债占比略有下降，但多元化趋势明显

图4-10显示，除存款外，其余类别金融负债整体呈小幅下降趋势。其中，中央银行贷款占比自2017年的2.79%小幅下降至2021年的2.43%，债券发行占比自2017年的0.48%降至2021年的0.23%，股票及股权自2017年的2.97%小幅下降至2021年的2.10%，资管产品占比自2017年的26.86%波动下降至2021年的23.76%，仅保险准备金在金融部门资金来源中的占比呈小幅上升趋势。整体来看，受2017年强监管及2018年资管新规的影响，金融机构非存款负债呈收紧趋势。但相较于金融机构传统负债结构，新时代金融机构负债端中，非存款负债逐渐占据重要地位，且呈现多样化趋势，居民通过增加对保险、资管产品的持有，再将这部分资金投资于资本市场，为非金融企业提供了更多长期稳定资金来源，有利于资金的合理配置和循环。

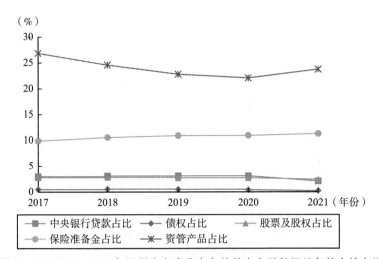

图4-10 2017~2021年温州市各类非存负债款在金融部门总负债中的占比

（三）"同业负债占比"限定了同业存单规模扩张的"天花板"

负债端债券发行科目主要包括同业存单、政策性银行债以及商业银行普通债，其中以同业存单和金融债等同业负债为主。从图4-11中可以看出，2017～2021年温州市金融部门负债方债券发行规模较小，且呈现持续下降趋势，主要受强监管背景下同业链条拆解影响，负债端的大规模收缩导致金融债及存单的供给转弱。2015年以来，同业存单规模成为银行负债端扩张的重要途径，规模迅速扩张，2017年起为限制同业业务无序扩张，央行在第二季度货币政策执行报告中宣布拟于2018年第一季度起，资产规模5000亿元以上的银行的同业存单计入同业负债，不得超过总负债的1/3，2019年第一季度再次宣布资产规模5000亿元以下的银行也被纳入。"同业负债"占比考核指标的压力下，各银行同业债券被迫压降。

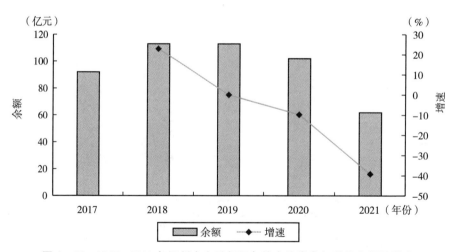

图4-11　2017～2021年温州市金融部门负债方债券发行科目余额及增速

（四）理财投资门槛降低兼之居民财富增长带动资管产品规模持续扩张

金融部门负债端资管产品科目主要包括银行理财、代销基金、代销保险产品等，其中银行理财占据最大比重（见图 4 - 12）。自 2008 年国家实施刺激措施起，银行理财产品规模持续大幅度增长，2017 年末达到峰值，2018 年央行对金融机构同业和投资业务进行规范，机构专属类和金融同业类理财规模收缩，引起理财规模整体有所下降，2019～2021 年理财新规带来的理财产品投资门槛降低效应释放，个人投资者大量进入银行理财市场，引起银行理财年末存续余额恢复增长，且呈现"加速增长"趋势。截至 2021 年底，全国层面来看存续银行理财产品 3.63 万只，持有理财产品的投资者数量达到了 8130 万个，创历史新高，同比增长 95.31%，其中个人投资者占据理财市场绝对主力，数量占比高达 99.23%。当前，随着财富市场逐步回暖，多家银行正通过引导活期存款向理财转化来强化存款成本管理。业内研究人士认为，随着理财产品净值回升，居民投资理财意愿逐步恢复，部分存款回流到资本市场、理财市场，可以预期未来资管产品规模将进一步稳步增长。

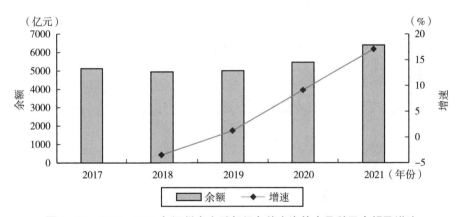

图 4 - 12　2017～2021 年温州市金融部门负债方资管产品科目余额及增速

五、小结

从资产总体规模分析，2017～2021 年温州市的资产总规模增速稳健，2021 年略有回落主要归因新冠疫情影响下的贷款融资需求下滑。资产规模/

GDP 指标呈现先低后高的波动，2021 年创指标新高，一定程度反映出金融部门资金运行效率有所放缓。资产端杠杆率经历 2017 年去杠杆之后，一直保持在较低水平。

从资产结构分析，2017～2021 年温州市贷款的总资产规模占比呈现逐步递增趋势，但近年来趋于稳定，保持在 50%～53% 的水平；资管产品的总资产规模占比呈现小幅下跌趋势，债券产品的资产占比小幅上升，总占比大约为 30% 水平，与全国相比，该资产配置比例略低。

从负债总体规模分析，2017～2021 年温州市的负债规模整体呈现出与资产规模相同的波动趋势，负债资产比逐步下降，反映出金融部门的资本实力逐渐增强；存贷比虽低于浙江省平均水平，但呈现上升趋势，隐含流动性风险需警惕；负债端杠杆率低于资产端负债率，非银行金融机构的资金需求高于银行同业。

从负债结构分析，2017～2021 年，存款仍为温州市金融部门主要负债来源，受资管新规影响，非存款负债有所收紧；强监管背景下，同业负债呈现持续下降趋势；资管产品呈现先下降后上升趋势，主要受理财门槛降低和居民财富增加所影响，个人投资者增长迅速。

第二节　金融部门资金流量表的编制及分析

一、非金融交易

温州市金融部门资金流量表（非金融交易）的编制如表 4－2 所示。

单位：亿元

表 4-2　2017~2021 年温州市金融部门资金流量表（非金融交易部分）

项目	2017 年		2018 年		2019 年		2020 年		2021 年	
	运用	来源	运用	来源	运用	来源	运用	来源	运用	来源
一、净出口	—		—		—		—		—	
二、增加值	—	340.88	—	392.68	—	427.50	—	468.70	—	512.20
三、劳动者报酬	68.50	—	74.06	—	87.65	—	90.36	—	139.70	—
四、生产税净额	23.56	—	23.56	—	25.65	—	26.90	—	36.20	—
五、财产收入	151.85	379.33	165.78	438.42	187.16	506.13	194.50	579.70	234.30	700.00
（一）利息	151.85	377.73	165.78	436.88	187.16	504.64	194.50	577.40	234.30	697.80
（二）红利	—	1.60	—	1.54	—	1.49	—	2.30	—	2.20
（三）地租	—	—	—	—	—	—	—	—	—	—
（四）其他	—	—	—	—	—	—	—	—	—	—
六、初次分配总收入	—	476.30	—	567.70	—	633.17	—	736.64	—	802.00
七、经常转移	76.21	3.28	87.50	3.66	98.77	4.46	16.20	—	15.00	—
（一）所得税、财产税等经常税	12.07	—	13.21	—	15.72	—	16.20	—	15.00	—
（二）社会保险缴款	—	—	—	—	—	—	—	—	—	—
（三）社会保险福利	—	—	—	—	—	—	—	—	—	—
（四）社会补助	—	—	—	—	—	—	—	—	—	—
（五）其他	64.14	3.28	74.29	3.66	83.05	4.46	—	—	—	—
八、可支配总收入	—	403.37	—	483.86	—	538.86	—	720.44	—	787.00

续表

项目	2017 年		2018 年		2019 年		2020 年		2021 年	
	运用	来源	运用	来源	运用	来源	运用	来源	运用	来源
九、实物社会转移	—	—	—	—	—	—	—	—	—	—
十、调整后可支配总收入	—	403.37	—	483.86	—	538.86	—	720.44	—	787.00
十一、实际最终消费	—	—	—	—	—	—	—	—	—	—
（一）居民实际最终消费	—	—	—	—	—	—	—	—	—	—
（二）政府实际最终消费	—	—	—	—	—	—	—	—	—	—
十二、总储蓄	—	403.37	—	483.86	—	538.86	—	720.44	—	787.00
十三、资本转移	—	—	—	—	—	—	—	—	—	—
（一）投资性补助	—	—	—	—	—	—	—	—	—	—
（二）其他	—	—	—	—	—	—	—	—	—	—
十四、资本形成总额	241.25	—	261.89	—	298.27	—	298.27	—	298.27	—
（一）固定资本形成总额	241.25	—	261.89	—	298.27	—	298.27	—	298.27	—
（二）存货变动	—	—	—	—	—	—	—	—	—	—
十五、其他非金融资产获得减处置	—	—	—	—	—	—	—	—	—	—
十六、净金融投资	162.13	—	221.96	—	240.59	—	422.17	—	488.73	—

（一）净金融投资

从图 4 - 13 中非金融交易上看，2021 年温州市非金融交易表的金融部门增加值为 512.20 亿元，扣除各种支出，还结余 488.73 亿元，属于净金融投资，形成金融部门的自有资产。2017～2021 年，净金融投资总额呈现递增趋势，但增速减缓。

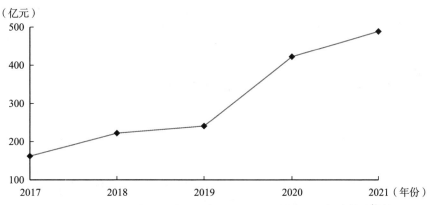

（亿元）

图 4 - 13 2017～2021 年温州市金融部门非金融交易净金融投资的变动情况

（二）调整后可支配收入和总储蓄

2017～2021 年，非金融交易的主要资金来源是利息收入，资金的运用方向主要为劳动者报酬、支付存款利息及固定资本投资支出。该数据体现出温州的金融机构以银行为主导，主要盈利模式为息差。可支配总收入由初次分配总收入减去经常转移的来源余额得出。调整后可支配总收入由可支配总收入减去实物社会转移得出。温州市金融部门的调整后可支配总收入（见图 4 - 14），从 2017 年的 403.37 亿元增长到 2021 年的 787.00 亿元，增长 1.95 倍，呈上升趋势。尚未发生居民和政府部门的实际消费支出，总储蓄和调整后可支配收入的数值相等，趋势一致。

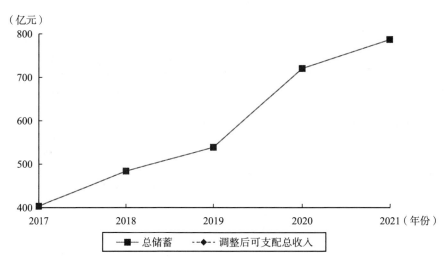

图 4 – 14　2017～2021 年温州市金融部门非金融交易总储蓄的变动情况

二、金融交易

温州市金融部门资金流量表（金融交易）的编制如表 4 – 3 所示。

（一）资金运用

温州市金融部门资金运用主要包括发放贷款和金融投资两条途径，其中发放贷款占据较大比重，且金额逐年大幅度增长，金融对实体经济的支持力度逐渐加大（见图 4 – 15）。在金融投资方面，2017～2019 年温州市金融部门仅进行债券投资，2020 年开始进行股票投资。究其原因，主要受银行投资面临严格的监管要求影响，出于自身稳健经营的考虑，多数商业银行会选择收益稳定、流动性强、市场体量大的债券作为主要投资选择。具体来看，债券投资投向包括政府债券、金融债券及企业债券，其中政府债券占比维持在40% 以上，在经济承压的背景下，银行通过购买国债、地方债等金融投资方式能够有效支持实体经济的增长。

表 4-3 **2017~2021 年温州市金融部门资金流量表（金融交易部分）**

单位：亿元

交易项目	2017 年 运用	2017 年 来源	2018 年 运用	2018 年 来源	2019 年 运用	2019 年 来源	2020 年 运用	2020 年 来源	2021 年 运用	2021 年 来源
净金融投资	(231.5)		114.1		19.9		509.1		1823.6	
资金运用合计	310.0		842.7		1275.8		2241.4		2728.8	
资金来源合计		541.5		728.6		1255.9		1732.4		905.2
通货		662.2	6.7	50.0	5.7		2.7	18.3	7.4	57.1
存款	(167.9)		(397.2)	861.2	(125.2)	1419.8	(105.4)	1695.2	(39.4)	1182.0
活期存款										
定期存款										
财政存款										
外汇存款										
其他存款										
证券公司客户保证金										
贷款	592.6	(0.5)	1366.4	(1.5)	1559.1	0.0	2016.3	0.0	2183.5	0.0
短期贷款与票据融资										
中长期贷款										
外汇贷款										
委托贷款										
其他贷款										
未贴现的银行承兑汇票										

续表

交易项目	2017年		2018年		2019年		2020年		2021年	
	运用	来源	运用	来源	运用	来源	运用	来源	运用	来源
保险准备金		64.1		74.3		83.0	0.0			129.0
金融机构往来								207.7		
存款准备金	(218.5)	(218.5)	(258.4)	(258.4)	(383.3)	(383.3)	(243.1)	(243.1)	(164.9)	(164.9)
债券	103.8	34.2	131.9	53.0	225.3	136.4	285.3	(11.0)	437.9	(40.0)
政府债券	55.0		69.4		88.3					
金融债券	20.0	34.2	31.1	53.0	79.9	136.4				
中央银行债券										
企业债券	28.8		31.5		57.1					
股票							288.3	83.5	311.7	(200.9)
证券投资基金份额										
库存现金										
中央银行贷款										
其他（净）										
直接投资										
其他对外债权债务										
国际储备资产										
国际收支错误与遗漏										

注：括号表示负值。

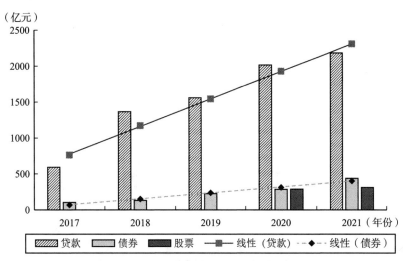

图 4 - 15　2017～2021 年温州市金融部门金融交易资金运用情况

（二）资金来源

温州市金融部门资金来源主要包括存款、保险准备金、债券发行及股票收益等途径，其中存款为主要资金来源，占比 90% 以上，整体金额呈现逐年增长趋势，2021 年有所回落（见图 4 - 16）。从具体项目变动情况来看，保险准备金与存款保持相同走势，占比较为稳定；债券发行筹集资金在 2019 年达到峰值，随后在 2020～2021 年均呈现负值，主要受新冠疫情影响，宏观经济运行稳定性不足，债市出现较大波动，债券收益率上行，叠加金融严监管、债券集中到期等因素影响，金融债发行量低于偿还量，债券净融资额持续下降；同理，受经济不景气影响，股票收益在 2021 年呈现大额负值，在一定程度上拖累银行资金来源。

（三）净金融投资

综合资金运用与资金来源来看，温州市金融部门金融交易净投资额呈现加速增长态势，即资金运用大于资金来源的差值逐年大幅度增加（见图 4 - 17）。究其原因，一方面为温州市金融支持实体经济力度持续"加码"，信贷投放

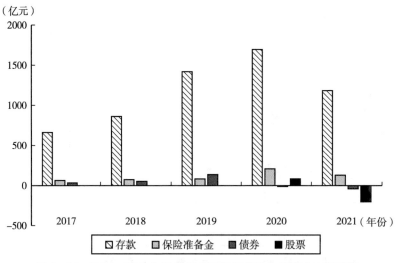

图 4 – 16　2017～2021 年温州市金融部门金融交易资金来源情况

增量显著，另一方面也反映出温州市金融部门金融投资存在一定风险，在宏观经济不稳定的情况下，股票投资存在较大风险，应更审慎选择投资方式以确保资金来源稳定。

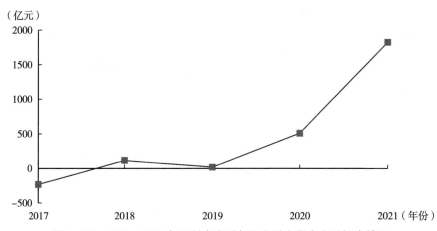

图 4 – 17　2017～2021 年温州市金融部门金融交易净金融投资情况

第三节 结论与政策启示

通过对 2017~2021 年温州市金融部门的资产负债表和资金流量表进行分析，总体上温州市资产负债呈现出"增速健康、结构匹配、质量良好"的基本特征，具体表现在资产和负债总体规模增速和长期波动趋势一致、资产端和负债端的杠杆率水平差异较小且走势趋同。但仍旧存在"资产负债结构单一、杠杆偏高"等问题。例如，资产负债结构中传统存贷业务的占比逐年提升，而其他绝大部分产品结构增速不升反降，业务的多元化发展受限；存贷比水平逐年递增，虽略低于浙江省平均水平，但隐含的信贷扩张风险仍需谨慎防范。为此，提出如下建议：

（1）加强商业银行产品与业务创新，强化对地方经济的金融支持。拓展资产管理业务品种，实现基金、保险、信托等多类资管产品的综合集成，同时，加强市场需求管理，明确主要客户定位开展精准营销，鼓励温州银行、温州民商银行等地方法人金融机构，以及鹿城农商行、瓯海农商行等农商行根据温州本土客户特点推出新业务、新产品。加快多层次资本市场建设，拓宽直接融资渠道，地方政府应加大对金融债的政策支持。需求端可对投资地方法人银行发行的小微债、"三农"债等金融债的投资者给予正向激励，允许农商行系统在省内跨市区持有其他农商行发行的债券，扩大投资者范围；供给端可将金融债纳入奖补范畴，对发债银行的承销费、评级费等给予补贴，降低发行人成本。

（2）深挖缴存资金潜力，助力商业银行流动性提升。有效发挥在外温商资金活力，引导本土金融机构加强对在外温商的金融服务，吸引在外温商资本回归，助力存款增速增量上行。加快推进重点项目建设进度，积极引导银项对接，定期跟踪项目贷款签约投放进展情况，推动项目贷款应贷尽贷，并发挥贷款派生存款作用，推动存款增量上升。加强重点地区与薄弱机构的存款工作引导，强化金融机构和县市区政府的主体责任，大力推动鹿城农商银行、龙湾农商银行、瓯海农商银行，以及渤海银行、广发银行等股份制银行存款指标提升。

第五章

温州市非金融企业部门资产负债表和
资金流量表

本章在此前研究的基础上，针对 2017～2021 年温州市非金融企业部门的资产负债表与 2021 年资金流量表的表现，展开总量与结构分析，纵向跨期分析和横向省（市）的比较分析。随后，利用相关估算并结合其他理论研究与统计信息，对温州非金融企业部门的资产兑现风险、债务偿付风险、资金流量表的稳健性变化问题展开讨论并得出相关结论。

第一节 2017～2021 年温州市非金融企业部门
资产负债表的编制及分析

一、总体情况

2017～2021 年温州市非金融企业部门资产及负债总额基本保持持续上升趋势，2018～2021 年资产增长率分别为 -1.39%、10.14%、19.49%、13.50%，负债增长率为 22.52%、22.74%、21.13%、20.78%（见图 5-1）。2017～2021 年温州市非金融企业部门资产负债率分别为 91%、113%、126%、

128%、136%，资产负债率呈现逐年上升趋势。2018～2020年浙江省整体资产负债率分别为106.86%、127.15%、133.14%（见图5-2），相比于浙江省而言，温州市资产总额高于负债总额，总体上温州市资产负债率远远小于浙江省整体资产负债率水平。

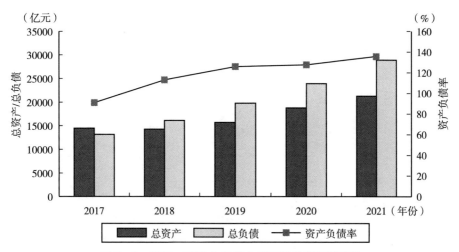

图5-1 2017～2021年温州市资产及负债总额变化

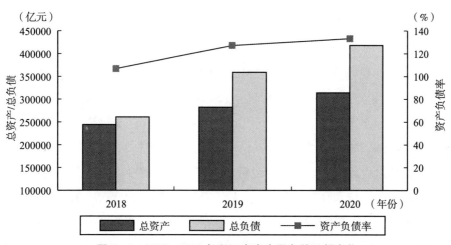

图5-2 2018～2020年浙江省资产及负债总额变化

通过对比我国江苏省、安徽省、贵州省、上海市的非金融企业部门资产负债率情况来看，浙江省和温州市资产负债率仍相对较低，低于六个省（市）平均值154%。总体来说我国非金融部门资产负债率偏高（见图5-3）。

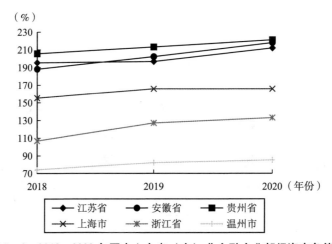

图5-3　2018~2020年国内六个省（市）非金融企业部门资产负债率

二、资产规模逐年增加，民间借贷占比偏高

金融资产规模呈波动上升。2017~2021年，温州市非金融企业部门金融资产分别为5243亿元、4229亿元、4790亿元、6122亿元、6759亿元，2018~2021年实现增长率-19%、13%、28%、10%。金融资产占总资产的比重逐年上升，2020年为56.94%，略高于浙江省整体水平55.31%。对金融资产的结构进行分析，温州市非金融企业部门持有的金融资产主要包括股票及股权、民间借贷和存款（见图5-4），2020年在金融资产中的比重分别为32.56%、31.30%和23.92%，总占比达87.79%。而资管产品、保险准备金和现金则相对较少。股票及股权资产总额占比逐年上升，2017~2021年分别为1971亿元、975亿元、1077亿元、1380亿元、1523亿元，在金融资产中

的比重较浙江省偏低，浙江省 2020 年股票及股权占金融资产比重为 55.81%。民间借贷总额逐年上升，但占比逐年下降。2018 ~ 2020 年分别为 0.46 万亿元、0.47 万亿元、0.52 万亿元，占比分别为 35.39%、32.54%、31.30%。对比浙江省情况来看，温州市非金融企业部门的金融资产中民间借贷占比较高（见图 5 - 5）。

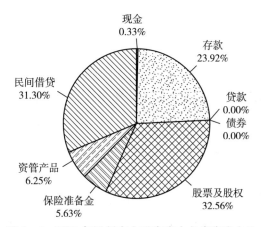

图 5 - 4　2020 年温州市金融资产中各类资产占比

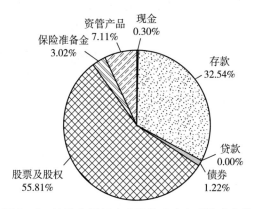

图 5 - 5　2020 年浙江省金融资产中各项资产占比

非金融资产逐年增加。2017～2020 年温州市非金融企业部门非金融资产总额分别为 0.92 万亿元、1.00 万亿元、1.09 万亿元及 1.26 万亿元，2019 年及 2020 年增长率分别为 8.82%、15.84%。温州市非金融企业部门非金融资产主要包括存货及固定资产，2020 年占比分别为 67.65% 及 32.05%。而在建工程占比较低，仅为 0.30%。其中存货逐年增长，2017～2020 年分别为 0.62 万亿元、0.68 万亿元、0.74 万亿元及 0.86 万亿元。固定资产逐年增加，2017～2020 年分别为 0.30 万亿元、0.32 万亿元、0.35 万亿元及 0.41 万亿元。

三、负债规模逐年增加，股票及股权占比较高

金融负债呈现逐年上升趋势，其在总负债中占比为 100%，非金融企业部门没有非金融负债。2017～2020 年温州市非金融企业部门金融负债总额分别为 13147 亿元、16108 亿元、19770 亿元、23947 亿元及 28924 亿元，2019 年及 2020 年增长率分别为 21.50%、20.71%，高于金融资产的增长率。其中金融负债主要为股票及股权、贷款，2020 年分别占比 67.71%、24.93%。民间借贷、债券占比则相对较少，仅为 4.44%、2.92%。股票及股权负债总额逐年上升，2017～2021 年分别为 0.88 万亿元、1.11 万亿元、1.39 万亿元及 1.70 万亿元，2019 年及 2020 年增长率分别为 25.52%、21.74%。贷款总额逐年上升，2017～2021 年分别为 0.37 万亿元、0.44 万亿元、0.52 万亿元、0.62 万亿元及 0.73 万亿元，2019～2020 年增长率分别为 20%、18%、20%、16%。

四、资产兑现风险有所下降

可依据资产的流动性将资产分为两类——较难兑现的非金融资产和较易兑现的金融资产，建立金融资产占总资产的比重指标和非金融资产占总资产

的比重指标进行分析。通过将资本兑现的难易程度作为风险测度，进而可仿照资本组合理论分析宏观风险配置。

按资产兑现风险指标的定义，非金融企业的金融资产是及时应对债务偿付风险的基础。图5-6显示，非金融企业的非金融资产占总资产的比重逐年下降，说明资产兑现风险在降低。非金融企业的金融资产占总资产的比重与前一个指标是反向对称的，趋势向上。这也说明，非金融企业的流动性越来越宽松。

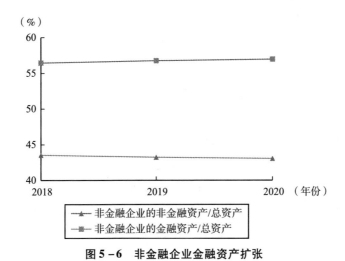

图5-6 非金融企业金融资产扩张

五、债务偿付风险在增加

非金融企业的金融资产相对扩张也影响到与其与金融资产相关的杠杆率。我们可以计算三个部门杠杆率，总负债/非金融资产、总负债/金融资产、净金融资产/总资产（见图5-7）。

由图5-7中可看出，总负债/非金融资产、总负债/金融资产这两个杠杆率皆呈上升趋势，而净金融资产/总资产这一指标呈现下降趋势，这说明债务偿付风险在增加。

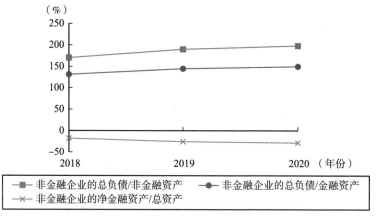

图 5-7　非金融企业的三个部门杠杆率

六、小结

从上面的分析中，我们可以得出以下结论：温州市非金融企业部门的资产和负债总额在 2017~2021 年保持上升趋势，尽管资产增长率呈现波动，但负债增长率持续上升，导致资产负债率逐年增加。温州市的资产负债率相对较低，远低于浙江省整体水平。资产规模逐年增加，金融资产结构多元化：金融资产规模有所波动上升，但其中以股票及股权、民间借贷和存款为主要组成部分。股票及股权占比相对较低，而民间借贷占比较高，尽管呈现下降趋势。非金融资产也在逐年增加，主要包括存货和固定资产，有助于企业的经营和产业升级。负债规模逐年增加，股票及股权占比较高：金融负债呈现逐年上升趋势，主要由股票及股权和贷款构成。股票及股权负债占比较高，可能增加了企业的风险。贷款总额也逐年上升。资产兑现风险和债务偿付风险：资产兑现风险较低，非金融资产占比逐年下降，表明流动性较好。然而，债务偿付风险在增加，总负债/非金融资产和总负债/金融资产呈上升趋势，净金融资产/总资产呈下降趋势。

综合来看，温州市非金融企业部门的资产负债状况呈现出一定的稳定性和风险性（见表 5-1）。政府和企业需要密切关注金融资产的结构和债务规模的增长，采取适当的政策和措施来降低债务偿付风险，确保可持续的经济发展和金融稳定。

表 5 - 1　　　　2017～2021 年温州市非金融企业部门资产负债表　　　　单位：亿元

项目	2017 年		2018 年		2019 年		2020 年		2021 年	
	资产	负债	资产	负债	资产	负债	资产	负债	资产	负债
金融资产/负债	5243	13147	4229	16108	4790	19770	6122	23947	6759	28924
现金	43	0	48	0	53	0	55	0	61	0
存款	2599	0	2698	0	3124	0	4000	0	4417	0
贷款	0	3697	0	4419	0	5202	0	6247	0	7261
存款准备金	0	0	0	0	0	0	0	0	0	0
中央银行贷款	0	0	0	0	0	0	0	0	0	0
债券	64	604	70	585	75	630	96	732	106	1007
股票及股权	1971	8846	975	11104	1077	13938	1380	16968	1523	20656
保险准备金	369	0	255	0	288	0	369	0	407	0
资管产品	197	0	183	0	173	0	222	0	245	0
非金融资产/负债	9219	0	10032	0	10917	0	12646	0	14543	0
住房	0	0	0	0	0	0	0	0	0	0
城镇	0	0	0	0	0	0	0	0	0	0
农村	0	0	0	0	0	0	0	0	0	0
私人汽车	0	0	0	0	0	0	0	0	0	0
固定资产	2955	0	3216	0	3499	0	4053	0	4661	0
存货	6238	0	6789	0	7387	0	8555	0	9839	0
在建工程	26	0	28	0	30	0	38	0	43	0
资产净值	—	1315	—	- 1847	—	- 4064	—	- 5180	—	- 7622
资产、负债与资产净值	14462	14462	14261	14261	15707	15707	18768	18768	21302	21302

第二节　2017～2021年温州市非金融企业部门 资金流量表的编制及分析

一、总体情况

从非金融交易表看，2021年，净金融投资为 -0.36万亿元。非金融企业的生产税净额573.2亿元，所得税、财产税等经常税145.9亿元，两者之和719.1亿元，占非金融企业增加值4237.2亿元的16.97%。非金融企业的净利息和红利支出318.1亿元，占非金融企业增加值的7.51%。从2021年金融交易表看，资金来源4976.73亿元，其中从银行贷款1013.72亿元、发行企业债券274.89亿元、发行股票3688.12亿元。非金融企业资金运用 -3232.33亿元，放在存款上416.52亿元、购买债券10.2亿元、购买了股票2767.23亿元、放在保险准备金38.38亿元、购买通货5.71亿元。非金融企业的净金融投资为 -1744.4亿元。

二、量入为出原则

非金融企业资金流量表的稳健性，要用量入为出原则衡量，非金融交易表调整后可支配总收入378.3亿元，是它的"入"，也是它的总储蓄。它的"出"分两部分，一是资本形成总额2960.3亿元，二是其他非金融资产获得减处置987.6亿元。两个"出"共计3947.87亿元。出大于入的总缺口3569.57亿元，相当于"入"的9.44倍。由此我们可以得出总缺口占"入"的比重指标，这可视为一种用流量计算的杠杆率。这一杠杆率是，100×（总缺口）/"入"，即100×[资本形成总额+其他非金融资产获得减处置-（总储蓄+资本转移）]/（总储蓄+资本转移）。该杠杆率指标2017～2021年变化见图5-8。

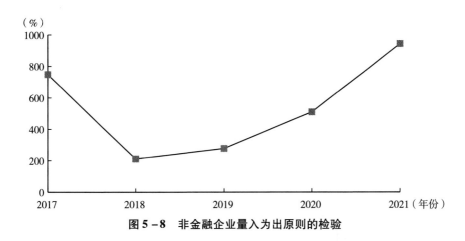

图 5 - 8 非金融企业量入为出原则的检验

近几年来温州市非金融企业的资金流量表非常不稳健（见表 5 - 2），非金融企业的"出"远大于"入"。2018 年，这一杠杆率大幅下降，但仍大于100%，2019 年之后又持续上升，到 2021 年已经高达 944%。

表 5 - 2　　　　　　　　　　**2017~2021 年温州市非金融企业部门**

资金流量表（非金融交易）　　　　　　　　　　单位：亿元

交易项目	2017 年		2018 年		2019 年		2020 年		2021 年	
	运用	来源	运用	来源	运用	来源	运用	来源	运用	来源
一、净出口										
二、增加值		3469.0		3902.2		4242.8		4136.4		4237.2
三、劳动者报酬	2465.5		2203.7		2465.5		2670.8		2911.3	
四、生产税净额	412.5		403.3		447.3		466.7		573.2	
五、财产收入	169.0	47.9	198.8	50.3	230.2	56.9	356.4	152.1	318.1	89.6
（一）利息	138.1	35.9	165.4	38.8	194.6	45.2	319.4	139.7	277.0	75.8
（二）红利	30.9	12.0	33.4	11.5	35.5	11.8	37.0	12.4	41.1	13.8
（三）地租										
（四）其他										
六、初次分配总收入		470.0		1146.7		1156.9		794.6		524.2
七、经常转移	122.8	33.4	131.3	36.4	156.0	44.2	136.7	0.0	145.9	0.0

交易项目	2017 年		2018 年		2019 年		2020 年		2021 年	
	运用	来源	运用	来源	运用	来源	运用	来源	运用	来源
（一）所得税、财产税等经常税	122.8		131.3		156.0		136.7		145.9	
（二）社会保险缴款										
（三）社会保险福利										
（四）社会补助										
（五）其他		33.4		36.4		44.2				
八、可支配总收入	380.6		1051.8		1045.1		657.9		378.3	
九、实物社会转移										
十、调整后可支配总收入	380.6		1051.8		1045.1		657.9		378.3	
十一、实际最终消费										
（一）居民实际最终消费										
（二）政府实际最终消费										
十二、总储蓄	380.6		1051.8		1045.1		657.9		378.3	
十三、资本转移	0.0		0.0		0.0		0.0		0.0	
（一）投资性补助										
（二）其他										
十四、资本形成总额	2455.1		2602.5		2960.3		2960.3		2960.3	
（一）固定资本形成总额	2455.1		2602.5		2960.3		2960.3		2960.3	
（二）存货变动										
十五、其他非金融资产获得减处置	771.2		675.3		986.0		1054.0		987.6	
十六、净金融投资	−2074.5		−2226.1		−2901.2		−3356.3		−3569.6	

三、小结

从上面分析中，我们可以总结如下要点：2021 年，温州市非金融企业部门的净金融投资为负值，表示企业部门的金融投资支出大于收入。生产税净额和经常税收占据企业增加值的一定比例，净利息和红利支出占比适中。从金融交易表来看，资金来源主要包括银行贷款、企业债券发行和股票发行，而资金运用主要包括存款、债券购买和股票购买。量入为出原则的稳健性：通过量入为出原则衡量资金流量表的稳健性，发现非金融企业的资金流量非常不稳健。总缺口占"入"的比重指标显示出企业的资金流量不平衡，其中资本形成总额和其他非金融资产获得减处置占据较大的比例。杠杆率指标呈上升趋势，特别是在 2019 年后急剧增加，达到了非常高的水平。

综合来看，温州市非金融企业部门的资金流量表呈现出不平衡的趋势，企业的支出远远超过了收入，杠杆率也呈现上升趋势。这可能增加了企业的财务风险，需要采取措施来调整资金运用，确保企业的财务稳健和可持续发展。政府和企业需要密切监测和管理资金流动，降低债务负担，提高资金使用效率。

第三节　结论与政策启示

温州市资产和负债总额逐年上升，2018～2020 年复合年均增长率为12.91%。温州市资产负债率相对较低，远低于浙江省以及国内部分其他省市的资产负债率水平。金融资产逐年增加，主要包括股票及股权、民间借贷和存款，其中与浙江省整体情况相比，股票及股权占比较低，民间借贷占比偏高，但比重呈现逐年下降趋势；非金融资产主要包括存货及固定资产；金融负债增长率高于金融资产增长率。非金融企业金融负债主要为股票及股权、贷款，无非金融负债。

金融资产占总资产的比重逐年上升，表明非金融企业的资产兑现风险有所下降，流动性越来越宽松。部门杠杆率中总负债/非金融资产，总负债/金融资产逐年上升，净金融资产/总资产逐年下降，说明非金融企业债务偿付风险在增加。通过量入为出原则衡量资金流量表的稳健性，非金融企业的

"出"远大于"入"，近几年来温州市非金融企业的资金流量表非常不稳健。根据这一章节的分析，给出以下政策建议：

第一，需要加强资产负债管理和风险监测。温州市应加强非金融企业的资产负债管理，特别是关注债务管理。政府和企业应定期监测债务水平，确保其可持续性，以避免债务过度积累。这是因为尽管资产负债率相对较低，但债务增长率高于资产增长率，表明潜在的债务偿付风险正在增加。

第二，应该鼓励多元化金融资产配置。温州市可以鼓励非金融企业多元化金融资产配置，减少对民间借贷的依赖。这可以通过提供更多投资选择、促进股票及股权投资，以及支持金融知识培训来实现。减少对民间借贷的依赖有助于降低风险，因为民间借贷市场可能受到不稳定因素的影响。

第三，需要注重优化非金融资产管理。温州市应优化非金融企业的非金融资产管理，特别是存货和固定资产。政府可以鼓励企业提高存货周转率，降低存货成本，以释放更多的流动资金。此外，支持技术升级和固定资产的有效管理，以提高生产效率和降低成本。

第四，强化财务规划和风险管理。温州市政府可以与企业合作，制定更健康的财务规划，包括现金流管理和债务管理策略。企业应建立更为稳健的财务结构，确保有足够的流动性来应对不确定性和风险。同时，鼓励企业建立紧密的风险管理体系，以及建立应对金融市场波动的储备措施。

第五，建议温州市政府加强金融监管和政策引导，确保金融市场的稳定和透明。同时，通过政策引导，鼓励企业更加谨慎地管理其资产和负债，以减少潜在的金融风险。政府还可以提供培训和咨询，帮助企业更好地理解和应对金融市场的挑战。

第六章

温州市政府部门资产负债表和资金流量表

第一节 政府部门资产负债表的编制及分析

本次政府资产负债表中的政府部门是大政府的概念，既包括行政事业单位，也包括社会团体组织，例如，各类协会、慈善机构、社保基金等。

一、非金融资产的估算

本次编制将非金融资产设置为 2 项，包括固定资产和在建工程。根据《政府综合财务报告编制操作指南（试行）》，其中：固定资产净值反映政府持有的各项固定资产原值减去累计折旧后的期末余额，含房屋、汽车、单价在 50 万元以上的设备和其他固定资产；在建工程反映政府尚未完工交付使用的在建工程实际成本的期末余额。

1. 固定资产的估算

对于政府固定资产数据，可由《全省国有资产管理情况的综合报告》获得。

2. 在建工程的估算

对于政府的在建工程，可由《全省国有资产管理情况的综合报告》获得。

二、金融资产与负债的估算

政府部门的金融资产包括现金、存款、股票及股权 3 项，负债包括贷款、债券、股票及股权、保险准备金 4 项。

1. 政府部门金融资产

政府持有的现金按照地区 GDP 的一定比例进行估算，政府部门的现金资产占 GDP 的比重为 0.16%，GDP 数据来自各地区统计年鉴。

政府持有的存款资产为境内人民币存款，存款数据来自各地区统计年鉴。

政府持有的股票及股权是指非金融企业和金融机构中的国有股权。2018 年政府部门的股权资产数据来源于各地区的经济普查年鉴；对于 2019 年和 2020 年政府部门的股权资产没有现有数据，本书根据 2018 年的比例进行推算。

2. 政府部门的负债

政府部门的贷款负债为境内人民币贷款，贷款数据来自各地区统计年鉴。对于非金融企业和政府部门的贷款，一般统计年鉴中只公布非金融企业和机关团体贷款之和，如何将两者拆分，是一个难点。本书采用各地区的小微企业贷款余额数据及其占全部企业贷款的比例，推算出各地区的非金融企业的贷款，从而推算得到政府部门的贷款。

政府债券为地方政府债，政府部门的债券负债数据来自万得（Wind）数据库。

政府持有的股票及股权是指非金融企业和金融机构中的国有股权。2018 年政府部门的股权负债数据来自各地区的经济普查年鉴；2019 年和 2020 年的股权负债数据来自各地区统计年鉴。

地区保险准备金的负债通过加总商业保险和社保得到，其中商业保险属于金融机构负债、社保属于政府负债。对于社保，可从各地区人力资源和社会保障事业发展统计公报获得。

由于 2015 年《中华人民共和国预算法》明确规定，除地方政府债券外，地方政府及其所属部门不得以任何方式举借债务，因此这里的负债为根据法律框架公布的官方显性债务。

基于以上估算，温州政府部门资产负债表的编制结果如表 6 - 1 所示。

表 6 - 1　　　　　　2017～2021 年温州政府部门资产负债表　　　　单位：亿元

项目	2017 年		2018 年		2019 年		2020 年		2021 年	
	资产	负债	资产	负债	资产	负债	资产	负债	资产	负债
金融资产/负债	6395	610	7132	757	7890	879	8493	1081	9388	1378
现金	9	0	10	0	11	0	11	0	12	0
存款	1745	0	1804	0	1946	0	1919	0	2055	0
贷款	0	124	0	161	0	193	0	239	0	281
存款准备金	0	0	0	0	0	0	0	0	0	0
中央银行贷款	0	0	0	0	0	0	0	0	0	0
债券	0	486	0	595	0	686	0	842	0	1097
股票及股权	4168	0	4757	0	5328	0	5967	0	6682	0
保险准备金	0	0	0	0	0	0	0	0	0	0
资管产品	472	0	560	0	605	0	597	0	639	0
非金融资产/负债	1034	0	1192	0	1193	0	1432	0	2597	0
住房	0	0	0	0	0	0	0	0	0	0
城镇	0	0	0	0	0	0	0	0	0	0
农村	0	0	0	0	0	0	0	0	0	0
私人汽车	0	0	0	0	0	0	0	0	0	0
固定资产	395	0	456	0	350	0	420	0	762	0
存货	0	0	0	0	0	0	0	0	0	0
在建工程	638	0	736	0	843	0	1012	0	1835	0
资产净值		6818		7567		8204		8844		10607
资产、负债与资产净值	7428	7428	8324	8324	9083	9083	9924	9924	11985	11985

三、政府资产负债表估算结果的简要分析

（一）资产负债表规模分析

从资产负债表来看，温州市政府部门的资产从 2017 年的 7428 亿元增长到 2021 年的 11985 亿元，增长 1.61 倍，相比同期名义 GDP 增长 1.40 倍，资产的增长是名义 GDP 增长的 1.15 倍。非金融资产从 1034 亿元增至 2597 亿元，增长 2.51 倍，其中，在建工程资产的增长是非金融资产增长的主要驱动力，增长 2.88 倍。金融资产从 6395 亿元增至 9388 亿元，增长 1.47 倍，非金融资产的增速要高于金融资产，这使得非金融资产在政府资产中的占比总体呈现上升趋势，金融资产在政府资产中的占比总体呈现下降趋势，可见资产金融化的程度不断下降，由于金融资产的流动性更强，金融资产占比下降也反映出政府持有资产的流动性和可变现能力的下降。负债从 2017 年的 610 亿元增至 2021 年的 1378 亿元，增长 2.25 倍，增速与资产的增速基本持平。政府的资产净值越来越高，从 6818 亿元增至 10607 亿元，增长 1.56 倍。总体来看，温州市政府金融资产规模高于负债，具有较强的安全垫。

（二）资产结构分析

具体来看（见图 6-1），金融资产占总资产比例 2017~2020 年维持在 86% 左右，2021 年有所下降，为 78%，这主要是因为这一时期非金融资产中在建工程资产快速上升所致。

从非金融资产的内部结构看（见图 6-2），在建工程为非金融资产的主要构成部分。固定资产占比从 2017 年的 38% 降至 2019 年的 29%，之后保持基本平稳。在建工程占比从 2017 年的 62% 增至 2019 年的 71%，之后基本保持平稳。

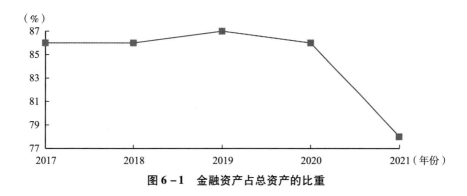

图 6 - 1 金融资产占总资产的比重

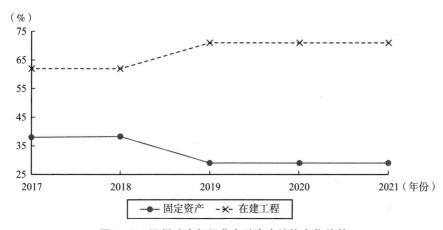

图 6 - 2 温州政府部门非金融资产结构变化趋势

从金融资产的内部结构看（见图 6 - 3），股票及股权始终是政府金融资产中占比最大的一项，从 2017 年的 65% 增至 2021 年的 71%，一直保持平稳增长态势。存款占比从 2017 年的 27% 降至 2021 年的 22%，一直保持缓慢下滑态势。资管产品占比一直稳定在 7%～8%。现金科目占比很小，可以忽略不计。

（三）负债结构分析

从负债的内部结构看（见图 6 - 4），债券是温州市政府负债的主要形式，

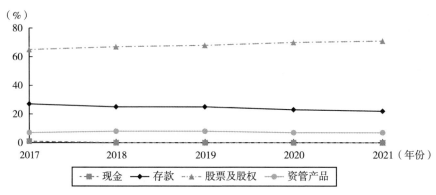

图 6 - 3 各项金融资产占政府总金融资产的比重

自 2017 年以来，债券占政府的总负债的比重稳定在 80% 左右。这主要是因为在 2015 年《中华人民共和国预算法》实施后，一方面，由于将通过城投平台等为政府举借的债务排除在政府负债之外，这方面的债务下降；另一方面，为破解地方政府融资难题，《中华人民共和国预算法》确立了地方政府直接发行债券的法律依据，地方政府债券大规模扩容。

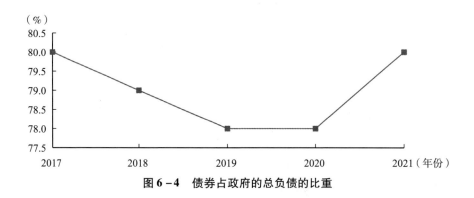

图 6 - 4 债券占政府的总负债的比重

（四）财富积累和资产负债率

净资产和净金融资产在 2017 ~ 2021 年稳步提升，到 2021 年，净金融资产达到 8010 亿元，是 2017 年的 1.38 倍，净资产达到 10607 亿元，是 2017 年的 1. 56 倍。净资产与 GDP 的比例从 2017 年的 126% 升至 2021 年的 140%，净金融资产与 GDP 的比例基本维持在 106% ~108%（见图 6－5），显示出温州市政府家底较厚实，有利于政府抵御风险，对宏观经济施加影响。

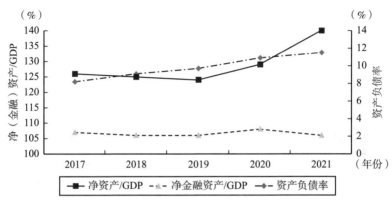

图 6 － 5　温州市政府净（金融）资产/GDP 和资产负债率

从资产负债率看，温州市政府的资产负债率维持在 8% ~11%，且总体较为稳定，2017 年资产负债率为 8.2%，到 2021 年为 11.5%，均值为 9.9%，政府的资产负债表十分稳健，负债水平并不高。当然，其中既有国情的特殊性，也必然和本书特定的资产负债核算口径有关，但即使考虑到表外负债，以及根据流动性来收紧资产的计算口径，政府的资产负债率仍然处于较低水平，温州市政府部门总体债务风险可控。

上述统计数据显示，温州市政府负债的增速与资产的增速基本持平，净资产和净金融资产总体呈现上升趋势。从资产负债率看，政府的资产负债表十分稳健，负债水平并不高，即使考虑到表外负债或者收紧资产的计算口径，政府的资产负债率仍然处于较低水平，温州市政府部门总体债务风险可控。但金融资产在政府资产中的占比总体呈现下降趋势，资产金融化的程度不断下降，反映出政府持有资产的流动性和可变现能力的下降，这主要是非金融资产中在建工程资产快速上升所致。

第二节　温州市政府部门资金流量表的编制及分析

一、非金融交易部分的估算

非金融交易部分资金流量表的编写依据优先使用公开数据、优先使用原始数据，原始数据缺失时优先考虑参照国家资金流量表，国家资金流量表没有明确说明部分优先考虑其他公开资料的原则。本次编制将非金融交易部分设置为9项，包括净出口、增加值、劳动者报酬、生产税净额、财产收入、经常转移、最终消费核算、资本形成总额和其他非金融资产获得减处置。根据《中国经济普查年度资金流量表编制方法》，增加值反映各种生产活动所创造的新增加值，是总产出与中间投入之差。政府部门增加值用水利部门、公共管理部门、80%的科技部门、80%的教育非个体部门、80%卫生非个体部门和50%的文体娱非个体部门的合计进行核算。劳动者报酬是劳动者从事生产活动而获得的各种形式的报酬，包括工资、奖金、福利费、实务报酬、各种补贴、津贴以及单位为劳动者缴纳的社会保险费等。在资金流量核算中，要求分行业总工资在各部门之间的分配比例与增加值核算保持一致，分行业总工资按照分行业平均工资乘以分行业就业总人数估算。生产税反映税收总额和企业所得税、个人所得税、契税、车辆购置税和海关代征的差额。生产税是政府部门的收入，记录在政府部门的来源方，但由于政府部门也有一小部分生产，也缴纳一些税，故政府部门的运用方也有数。财产收入包括利息、红利、土地租金和其他财产收入等，其中利息目前只进行存贷款利息、股票以外证券利息核算，存款利率按照当年中国人民银行基准利率表，非金融企业与政府部门的贷款比例按照其存款比例（63.42%，36.58%）进行拆分；红利目前只针对上市公司的红利进行测算；土地租金和其他财产收入由于资料不足，暂不进行测算。初次分配是生产活动形成的净成果在参与生产活动的生产要素的所有者及政府之间的分配，初次分配总收入用增加值减去劳动者报酬运用方，加上劳动者报酬来源方，减去生产税净额运用方，加上生产税净额来源方，减去财产收入的运用方，加上财产收入的来源方进行估算。经常转移包括收入税、社会保险缴款、社会保险福利、社会补助和其他五项。政府部门的经常转移中，其他主要指保险赔款；收入税、保险缴款和保险赔款属于政府部门的来源，社会保险福利和社会补助属于政府部门的运用。在初次分配的基础上，通过经常转移的形式进行再次分配，结果形成各个机构部门的可支配总收入，用初次分配总收入加上经常项目收入减去经常项目支出进行估算。政府消费指政府部门为全社会提供公共服务的消费支出和免费或以较低的价格向居民住户提供的货物和服务的净支出，体现在其运用方。政府部门的总储蓄用可支配收入和最终消费的差额进行估算。资本形成总额是机构部门在核算期间内新增加的资产价值，包括固定资本形成总额和存货增加两个部分。2019 年资本形成总额 26841.5 亿元，其中固定资本形成总额 25470.3 亿元，存货变动 1371.2 亿元，按照 GDP 比例计入政府部门 2833 亿元。其他非金融资产获得减处置用土地费用和拆迁费用进行估算。净金融投资反映机构部门和经济总体资金富裕或短缺的情况，用总储蓄加上资本转移获得减去资本转移支付，减去资本形成总额和其他非金融资产获得减处置进行估算。

基于以上估算，政府资金流量表（非金融交易部分）的编制结果，如表 6 - 2 所示。

表 6 - 2　　　　温州市政府部门资金流量表（非金融交易部分）　　　单位：亿元

项目	2017 年		2018 年		2019 年		2020 年		2021 年	
	运用	来源	运用	来源	运用	来源	运用	来源	运用	来源
一、增加值	0	647.2	0	713.4	0	797.4	0	1008.0	0	1410.4
二、劳动者报酬	405.5	0	405.5	0	478.1	0	492.2	0	581.2	0
三、生产税净额	37.3	541.5	37.3	532.3	40.1	585.1	43.2	611.4	59.3	758.5
四、财产收入	25.8	28.1	30.2	24.5	36.6	24.8	37.8	26.7	44.5	37.5
（一）利息	25.8	28.1	30.2	24.5	36.6	24.8	37.8	26.7	44.5	37.5

续表

项目	2017 年		2018 年		2019 年		2020 年		2021 年	
	运用	来源	运用	来源	运用	来源	运用	来源	运用	来源
五、初次分配总收入	0	748.3	0	797.2	0	852.5	0	1072.8	0	1521.4
六、经常转移	331.3	394.9	381.2	510.4	336.5	543.1	317.5	564.1	314.6	628.0
（一）所得税、财产税等经常税	0	197.6	0	212.9	0	233.7	0	217.6	0	239.3
（二）社会保险缴款	0	191.1	0	290.8	0	301.1		346.5	0	388.7
（三）社会保险福利	323.0	0	372.4	0	328.0	0	317.5	0	314.6	0
（四）社会补助	8.3	0	8.8	0	8.6	0	0	0	0	0
（五）其他	0	6.2	0	6.7	0	8.3	0	0	0	0
七、可支配总收入	0	811.9	0	926.3	0	1059.1	0	1319.4	0	1834.8
八、调整后可支配总收入	0	811.9	0	926.3	0	1059.1	0	1319.4	0	1834.8
九、政府实际最终消费	430.3		492.9	0	747.6		668.0		644.8	
十、总储蓄	0	381.6	0	433.4	0	311.6	0	651.4	0	1190.0
十一、固定资本形成总额	458.0	0	475.8	0	556.3	0	556.3		556.3	
十二、其他非金融资产获得减处置	−462.7	0	−371.4	0	−542.3	0	−597.7	0	−543.2	0
十三、净金融投资	−76.4	0	329.4	0	297.5	0	674.8	0	1176.9	0

二、金融交易部分的估算

政府部门金融交易部分包括存款、贷款、债券三项。

2018 年温州市政府部门存款（存量）1804.2 亿元、（流量）58.8 亿元，数据来自《温州统计年鉴》。2018 年非金融企业及机关团体贷款（存量）4496.8 亿元、（流量）730.1 亿元，非金融企业和政府部门的贷款按照其增加值的比例拆分为非金融企业 617.2 亿元，政府部门 112.8 亿元。2018 年温州政府新增债券 71.5 亿元，数据来自温州市财政局。

基于以上估算，政府资金流量表（金融交易部分）的编制结果，如表 6 - 3 所示。

表 6 - 3　　　　　　温州政府部门资金流量表（金融交易部分）　　　　单位：亿元

项目	2017 年		2018 年		2019 年		2020 年		2021 年	
	运用	来源	运用	来源	运用	来源	运用	来源	运用	来源
净金融投资	130.2	0	-125.6	0	-78.6	0	-73.2	0	-160.7	0
资金运用合计	174.4	0	58.7	0	141.8	0	-27.4	0	136.5	0
资金来源合计	0	44.2	0	184.3	0	220.4	0	45.8	0	297.2
通货	0	0	1.3	0	0.6	0	0.4	0	1.1	0
存款	174.4	0	58.7	0	141.8	0	-27.4	0	136.5	0
贷款	0	-12.5	0	112.8	0	129.4	0	45.8	0	42.5
政府债券	0	56.7	0	71.5	0	91.0	0		0	254.7
股票	0	0	0	0	0	0	638.8	0	715.4	0

（一）总体情况

从资金流量表上看，温州市政府部门的资金来源合计，从 2017 年的44.2 亿元增长到 2021 年的 297.2 亿元，增长 5.7 倍，除 2020 年受新冠疫情特殊影响外，呈上升趋势（见图 6 - 6）；资金运用合计则相对平稳。资金来源主要有贷款和政府债券两项，主要运用是通货和存款两项。2017 ~ 2021 年温州市政府部门金融交易上运用基本都少于来源，这意味着政府的债务增加，而债务增加尤其体现在政府发行的债券上。资金流量表没有显示温州市政府部门的隐性债务。

从非金融交易表上看，温州市政府部门的几项收入来源是生产税净额、财产收入、所得税、财产税等经常税、社会保险缴款。可支配总收入由初次分配总收入减去经常转移的来源余额得出。调整后可支配总收入由可支配总收入减去实物社会转移得出。温州市政府部门的调整后可支配总收入，从2017 年的 811.9 亿元增长到 2021 年的 1834.8 亿元，增长 1.3 倍，呈上升趋势（见图 6 - 7）。政府部门调整后可支配总收入减去最终消费得出总储蓄，2017 ~ 2021 年总储蓄基本也呈现上升趋势。

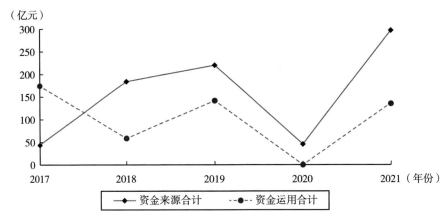

图 6-6　金融交易中资金来源/运用合计的变化趋势

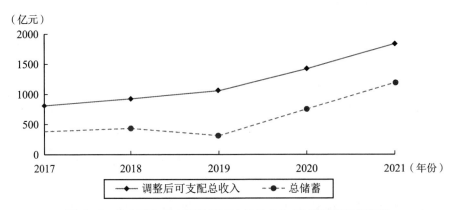

图 6-7　非金融交易中调整后可支配总收入/总储蓄的变化趋势

（二）量入为出原则

温州市政府部门资金流量表的稳健性，要用量入为出原则衡量。2018年，总储蓄433.4亿元，属于"入"。它的"出"分两部分：一是资本形成总额475.8亿元；二是其他非金融资产获得减处置－371.4亿元。两个"出"共计104.4亿元。总缺口等于"出"减"入"，为－329亿元，相当于"入"的76%。总缺口等于净金融投资。

我们计算量入为出的杠杆率＝100×总缺口／"入"的和，计算结果见

图 6-8。2017 年和 2018 年，杠杆率明显上升，政府资金流量表的稳健性下
降不少。2018 年开始，杠杆率相对平稳，政府靠借钱（如发行债券）来弥补
总缺口了，但政府的资金流量表的稳健性略有提升。

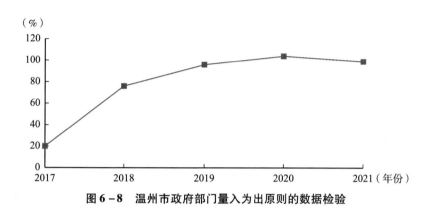

图 6-8 温州市政府部门量入为出原则的数据检验

上述统计数据显示，温州市政府部门的资金来源总体呈现上升趋势；
资金主要运用是通货和存款两项，除受新冠疫情特殊影响外，较为平稳。
2017～2021 年温州市政府部门金融交易上运用基本都少于来源，这意味着政
府的债务增加，但总储蓄基本也呈上升趋势。仅从显性负债的角度看，尽管
存在一定风险，但温州市政府资金流量表的稳健性略有提升，说明短期内不
易出现债务不可持续，但这并不意味着政府在进行投融资、举债等行为的时
候可以掉以轻心。

第三节 结论与政策启示

基于温州市政府部门资产负债表和资金流量表，为了保障温州市地方财
政的健康运行，我们提出了如下三个方面的建议：

（1）完善现有财政体制，优化地方政府官员晋升机制。现行财政体制可
能存在温州市各区县事权与财权不匹配的现象，导致了地方政府债务的逐步

扩张。同时，以地方经济增长为导向的政绩考核评价体系，使得一些官员盲目追求经济增长而大量举债，忽视了债务对财政可持续性的负面影响。建议对政府事权进行合理划分，对支出责任进行科学界定，重点关注债务高风险区县，并及时调整财政计划，以增强政府应对债务危机的能力。另外，应将有关财政可持续等方面的指标纳入考核评价体系。

（2）拓宽财政收入渠道，探索债务化解方式。首先，温州市政府可以考虑推行房产税试点工作，根据房屋位置、人均面积等因素制定一套科学的纳税标准，使房产税成为地方政府财政收入的重要来源之一。其次，可以将地方政府的土地资源产生的未来收益打包成资产，然后使其证券化形成稳定的现金流，从而减轻财政支出压力。再次，促进隐形债务显性化，可通过风险隔离、破产重组、优化期限结构等方式，避免引发系统性风险。最后，应排查融资平台的资产负债情况，推进融资平台的市场化转型，剥离其政府融资功能并建立公共企业制度。

（3）规范债券发行机制，构建债务风险预警机制。建议从债券命名、信息披露等方面明确用债主体和偿债责任，并通过完善信用评级机构的招标、遴选等制度确保评级系统的客观性、公平性，实现政府债券的市场化发展。同时，构建多维度的信息披露平台，在债券存续期内实时披露财政运行、投资项目和未来现金流等信息保护投资者的利益。最后，从传统的事后监管方式转变为全过程的动态监测预警，利用大数据工具构建基于行政层级的监测预警平台。

第七章

温州市对外部门资产负债表和资金流量表

对外部门是国民经济账户中不可分割的一部分，主要描述一国居民与非居民之间的经济关系。2018 年以来的中美贸易摩擦以及 2020 年初暴发的新冠疫情，使得中国面临的外部环境进一步恶化。温州市对外贸易也受到重大影响，温州市净出口增长率由 2018 年的 11.2%，下降到 2021 年的 6.0%。未来中国可能会遇到全球产业链和供应链重塑、外部融资能力受限、国际收支恶化等问题的挑战，同时国内经济步入高质量发展阶段，呈现出以国内循环为主，国内、国际双循环互相促进的新发展格局。温州市将实施更加积极主动的开放战略，更大力度融入长三角高质量一体化发展和全省"一带一路"枢纽建设，拓展全方位多层次开放新空间，切实增强城市区域竞争力和国际影响力，在这一背景下，温州市的对外资产与负债的存量状况和持有结构、流量变动和趋势特征不仅是温州市对外经济政策的反应，还是衡量温州市外循环健康发展的重要指征。

温州市对外部门的资产负债存量和流量状况分别在《资产负债表》和《现金流量表》中得以反映。《资产负债表》是特定时点温州市居民对非居民的债权或作为储蓄资产持有的黄金等金融资产，以及温州市居民对非居民的负债价值的统计表，而《现金流量表》是特定时期内居民与非居民之间的交易汇总统计表。

第一节 对外部门资产负债表的编制及分析

一、主要特征

如表 7 - 1 所示，由于新冠疫情原因温州市对外部门资产在 2020 年有所减少，但总体上温州市对外部门资产呈现扩张态势，对外资产从 2017 年底的 1823 亿元增至 2021 年底的 2624 亿元，年平均增长率为 9.53%。同期对外部门负债呈下降趋势，呈现倒 N 字形，如图 7 - 1 所示。温州市对外净资产从 2017 年的 - 1.15 万亿元增加至 2021 年的 - 0.96 万亿元，年平均增长率为 - 4.14%。净资产增速低于 GDP 增速。

表 7 - 1　　　　　　　　　温州市对外部门投资头寸表　　　　　　单位：亿元

项目	2017 年	2018 年	2019 年	2020 年	2021 年
净头寸	-11487	-10388	-10402	-10787	-9574
资产	1823	2014	2303	2279	2624
金融资产	1823	2014	2303	2278	2624
现金	0	0	0	0	0
存款	0	0	0	0	0
贷款	54	83	80	75	71
存款准备金	0	0	0	0	0
中央银行贷款	533	572	602	678	654
债券	0	0	0	0	0
股票及股权	166	215	279	355	166
保险准备金	730	950	1066	1171	1373
资管产品	340	193	276	0	360

续表

项目	2017 年	2018 年	2019 年	2020 年	2021 年
非金融资产	0	0	0	0	0
负债	13309	12401	12750	13066	12197
金融负债	13309	12401	12705	13066	12197
现金	433	483	529	550	607
存款	343	229	223	238	322
贷款	1	1	1	1	1
存款准备金	1688	1582	1593	1627	1536
中央银行贷款	0	0	0	0	0
债券	2228	2591	2938	3455	3769
股票及股权	8617	7515	7422	7279	5963
保险准备金	0	0	0	0	0
资管产品	0	0	0	-83	0
非金融负债	0	0	0	0	0

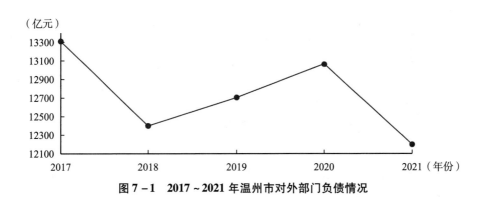

图 7 - 1 2017 ~ 2021 年温州市对外部门负债情况

　　当前温州市对外部门资产负债表呈现出以下主要特征：一是对外资产增速变大，除因新冠疫情原因 2020 年资产规模下降外，其余年份资产都保持10%以上的增长率，且增长速度变大；二是资产中保险准备金项目占比最大，并且呈现持续增长的趋势，其原因是保费收入的增加，2017 ~ 2021 年温州市保费收入年均增长率为 7.39%；三是即使对外资产波动，但对外负债与净资产始终呈反向变动；四是在温州市的债券投资逐年上升，自 2017 年的 2228 亿元上升至 2021 年底的 3769 亿元，推动债券投资在总负债中的占比由 16.74% 上升至 30.9%，同时股票及股权投资占比由 64.75% 下降至 44.89%，这可能意味着投资者对经济增长的预期下降，风险偏好降低。

二、资产结构

2017～2021 年温州市的外部资产结构基本保持稳定。如图 7–2 所示，温州市的对外资产以金融资产为主，包括五大部分：贷款、中央银行贷款、股票及股权、保险准备金和资管产品。

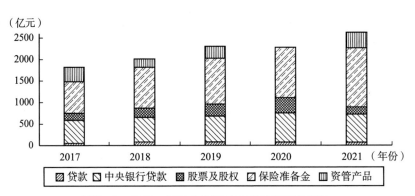

图 7–2　2017～2021 年温州市对外部门资产结构

保险准备金一直是温州市对外资产的主要组成部分，年均占比在 40% 以上，并呈现逐年上升的态势，到 2021 年时占比达 52.33%。其次是中央银行贷款，年均占比接近 30%，但在 2021 年出现一定程度下降，占比仅 24.91%。随后就是股票及股权，同样在 2021 年出现下降，但降幅较快，较 2020 年下降 53.24%。对于资管产品，在 2020 年呈现断崖式下降。最后是贷款，自 2018 年起就呈现逐步下降的趋势。

细分来看，对外资产包含市外（国内除温州市）和国外两大组成部分。市外和国外的资产结构分别如图 7-3 和图 7-4 所示，二者在构成方面不存在交集。其中，市外资产由中央银行贷款、保险准备金、资管产品组成。国外资产由贷款和股票及股权组成。

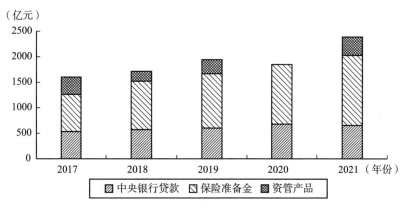

图 7-3　2017～2021 年温州市对外部门市外资产的构成

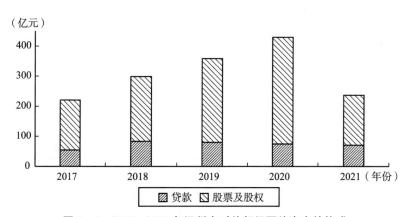

图 7-4　2017～2021 年温州市对外部门国外资产的构成

资管产品规模近年增长速度较慢，从 2017 年的 340 亿元至 2021 年的 360 亿元，增长 20 亿元，年复合增长率仅为 1.5%，如图 7-5 所示。在 2020 年，新冠疫情防控正处关键时期，资管规模出现零的尴尬境地，但在 2021 年又实现快速反弹。从侧面能反映出温州市的产业有一定韧性，但通过资管产品规模的增速可以看出资本市场对温州市的关注度仍然不高，信心不足。

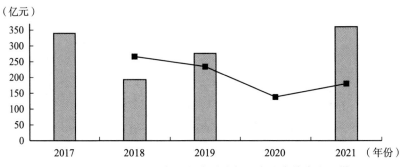

图 7 - 5   2017 ～ 2021 年温州市对外部门市外资管资产规模

保险准备金资产规模呈现稳步增长。保险准备金规模的变化可以反映地区保险意识的发展情况。从其构成来看，分为居民保险准备金和企业保险准备金。其中，居民的保险准备金资产为商业保险的 70% 加上社会保险，企业的保险准备金资产为商业保险的 30% 。近年来，随着居民和企业的保险意识不断加强，保险准备金年复合增长率达 17.12% ，远高于温州市 GDP 的增长幅度，如图 7 - 6 所示。

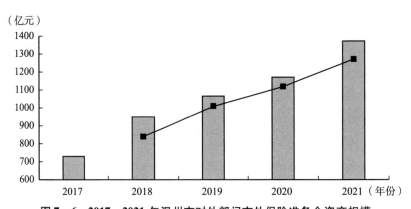

图 7 - 6   2017 ～ 2021 年温州市对外部门市外保险准备金资产规模

中央银行贷款资产规模稳步增长。中央银行贷款科目的资产主体为中央银行，负债主体为温州市的金融机构。在 2017 年至 2021 年间，央行贷款规模从 533 亿元增长至 654 亿元，年复合增长率为 5.25%，低于温州市 GDP 同比复合增长率，如图 7 - 7 所示。

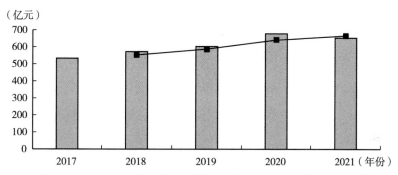

图 7 - 7 2017~2021 年温州市对外部门市外中央银行贷款资产规模

贷款资产规模呈倒 U 形走势。2017~2018 年温州市国外贷款规模实现快速增长，从 54 亿元增至 83 亿元，随后就呈逐年下降态势，到 2021 年，贷款规模下降至 71 亿元，如图 7 - 8 所示。2018~2021 年温州市贷款规模年复合增长率为 - 5.73%，基本与浙江省平均水平（ - 5.78% ）持平，但远低于江苏省（ - 0.79% ）、安徽省（0.98% ）、上海市（9.04% ）等周边省份的平均水平，浙江省整体的境外融资态势较为疲乏。

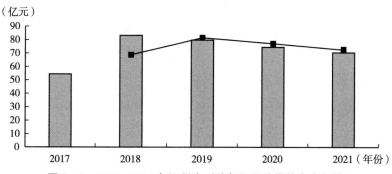

图 7 - 8 2017~2021 年温州市对外部门国外贷款资产规模

股票及股权资产规模增速放缓。股票及股权规模变化所反映出的现状与资管产品规模较为类似。2017～2020年虽然规模增速维持在20%以上，但呈逐年下降趋势。特别是自新冠疫情暴发以来，温州市吸引外部资金投资温州市上市公司及公司股权的水平在2020年达到355亿元的峰值以后，在2021年快速下降至166亿元，较2020年缩减一半，低至2017年的水平，如图7-9所示。以各股票年度涨幅的平均水平作为衡量标准，评估温州市和整个浙江省上市公司在2021年的平均股价表现，可以看到温州市上市公司股价年均涨幅（20.46%）低于全省平均水平（26.41%），在吸引外部资金上存在一定弱势。

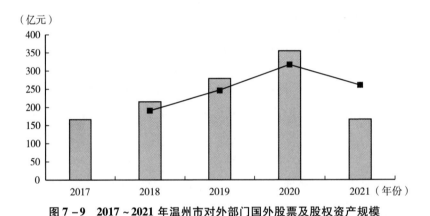

图7-9　2017～2021年温州市对外部门国外股票及股权资产规模

总体看，温州市近年来的外部资产规模总量稳中有进，但个别资产规模在新冠疫情来临之初出现一定波动，甚至大幅下降，但随之逐渐回升，说明温州市整体经济在面临外部冲击时，能较快恢复常态，有一定韧性。但需注意的是，温州市对外部资金的吸引力一直不强，例如，资管、股票和股权的资产规模近年来均呈下降态势。此外，贷款规模也逐年下降，从侧面提醒温州市产业竞争力有待进一步加强。

三、负债结构

2017~2021 年温州市的外部负债结构基本保持稳定。如图 7 – 10 所示，温州市的对外资产以金融负债为主，主要包括五大部分：存款、现金、存款准备金、债券、股票及股权。

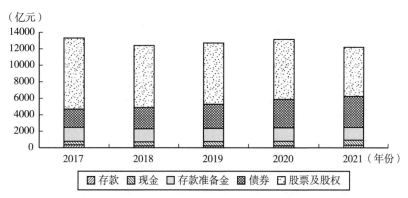

图 7 – 10   2017~2021 年温州市对外部门负债的构成

股票及股权一直是温州市对外负债的主要组成部分，年均占比在 55% 以上，但呈现缓慢下降的趋势，到 2021 年时占比低于 50%。其次是债券，年均占比高于 20%，呈逐渐上升趋势，到 2021 年时占比达 31%。随后就是存款准备金，近年来逐渐下降，与 2017 年的 1688 亿元相比，到 2021 下降至 1563 亿元。现金与存款的合计占比低于 8%，变化不大。

细分来看，对外负债包含市外（国内除温州市）和国外两大组成部分。市外和国外的负债结构分别如图 7 – 11 和图 7 – 12 所示。其中，市外负债由现金、存款准备金、债券、股票及股权组成。国外负债由存款、债券、股票及股权组成。

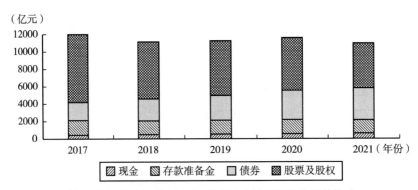

图 7 - 11　2017～2021 年温州市对外部门国外负债的构成

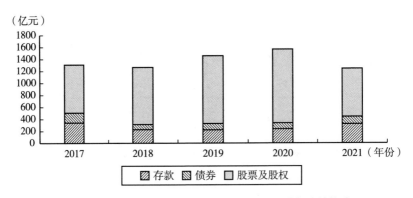

图 7 - 12　2017～2021 年温州市对外部门国外负债的构成

　　股票及股权负债规模整体呈下降趋势。股票及股权是温州市对外负债占比最高的一项，年均占比达 57.6%。整体来看，近年来规模呈现逐渐下降的趋势，尤其是市外部分下降明显，如图 7 - 13 所示。从侧面可以反映出近年对外投资环境不佳，温州市对外投资意愿有所下降。其中，市外部分从 2017 年的 7814 亿元一直降至 2021 年的 5160 亿元，年均降幅达 10%。国外部分在 2020 年上升至 1229 亿元后，在 2021 年快速下降至 803 亿元，与 2017 年持平。

　　股票及股权负债是温州市对外投资的直观表现，温州市尤其注重对国内市场的投资。从股票及股权负债占总负债的比重角度看，与周边省份相比，温州市的对外投资仍相对活跃。其中与浙江省（60.64%）、安徽省

（58.04%）的平均水平持平，略高于上海市（51.92%）和江苏省（49.48%）。

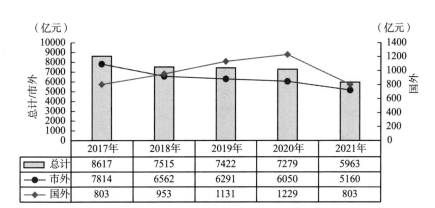

图 7 - 13　2017 ~ 2021 年温州市对外部门市外、国外负债的构成

	2017年	2018年	2019年	2020年	2021年
总计	8617	7515	7422	7279	5963
市外	7814	6562	6291	6050	5160
国外	803	953	1131	1229	803

　　债券负债整体规模增加但国外部分呈下降态势。在温州市对外负债的类型中，债券仅次于股票及股权，排名第二，年均占总负债比重为 23.59%。近年来，债券负债规模整体呈上升趋势，从 2017 年的 2228 亿元增长至 2021 年的 3769 亿元，年均复合增长率为 14.04%，如图 7 - 14 所示。从内部结构看，增长的主要贡献源于市外债券投资的迅猛增长，国外债券投资反而从 2017 年的 165 亿元降至 2021 年的 122 亿元。由此可以看出，近年来温州市的资本更看好境内债券市场发展，境外债券投资意愿相对较低。从外部横向对比看，以债券负债占总负债的比重为标准，温州市债券投资意愿远高于全省平均水平和周边省份，其中：浙江省 6.02%，江苏省 4.91%，安徽省 5.75%，上海市 5.15%。

　　存款负债规模变化趋势不稳定。温州市对外负债中，存款比重相对较低，平均占比仅为 2.13%，且近年来没有明显的涨跌趋势。自 2017 年达到 343 亿元之后，后续 3 年均维持在 230 亿元上下波动，在 2021 年快速攀升至 322 亿元，如图 7 - 15 所示。与周边省份相比，温州市持有现金的比例远低于对标省份的平均水平。其中，浙江省 30.89%，江苏省 43.2%，安徽省 24.1%，上海市 24.6%。温州市将大部分资产以股票、股权和债券的形式投资到海内外，较少持有现金。

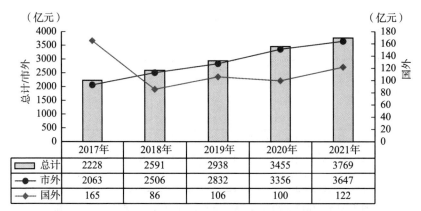

	2017年	2018年	2019年	2020年	2021年
总计	2228	2591	2938	3455	3769
市外	2063	2506	2832	3356	3647
国外	165	86	106	100	122

图7-14 2017~2021年温州市对外部门股票及股权负债规模

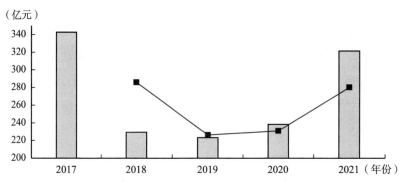

图7-15 2017~2021年温州市对外部门债券负债规模

四、小结

总体看，温州市近年来的外部负债规模基本保持稳定，但各类负债的占比存在显著差异。第一，温州市资本偏好风险资产，善于进行股权和期货投资，持有现金比例远低于周边城市。第二，资本善于去境外避险。在新冠疫情期间，温州市资本投资境内的资本市场比例明显下降，境外资产的规模有所提升。第三，温州市资本善于用债券作为风险缓释工具。在面临资本市场动荡时，持有现金的比例并没有显著提升，而是通过大量购买债券来应对风险。

第二节　温州市对外部门资金流量表的编制及分析

在研究温州市对外部门的资金流量时，是将温州市与温州市区域外主体所发生的一切联系都纳入至对外部门中，区域外包括市外和国外，主要从金融交易和非金融交易两个角度展开讨论。

一、非金融板块

温州市出口增长趋势强劲。在非金融交易部分，只有净出口这一项。净出口是货物和服务出口减进口的差额。从图 7 - 16 中可以看出，温州市净出口额从 2017 年的 989 亿元增长至 2021 年的 1660 亿元，年复合增长率达 13.84%，远高于同期 GDP 增速，并高于浙江省（9.44%）、江苏省（4.50%）、上海市（-0.65%）的平均水平，略低于安徽省（15.58%）。总体看来，温州市的出口近年来维持较强劲的增长态势。

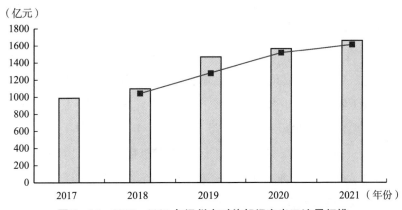

图 7 - 16　2017 ~ 2021 年温州市对外部门净出口流量规模

二、金融板块

在金融交易部分，资金来源主要是贷款和股票投资，资金运用主要是存款、债券和股票投资，如表7-2所示。

表7-2　　　　　2017～2021年温州市对外部门金融交易流量表　　　单位：亿元

项目	2017年		2018年		2019年		2020年		2021年	
	运用	来源	运用	来源	运用	来源	运用	来源	运用	来源
净金融投资	0.41		0.32		-0.06		14.2		109.6	
资金运用合计	0		0		0		8.9		105.6	
资金来源合计		-0.41		-0.32		0.06		-5.3		-4
存款							15.2	0	83.2	
贷款		-0.41		-0.32		0.06	0.1	-5.3	0	-4
债券							-6.4		22.4	
股票							98.01	75.76	-425.93	-188.49

净金融投资逐渐增大。从图7-17中可以看到，自2019年以后，温州市对外部门的净金融投资从14.2亿元增长至109.6亿元。从表7-2中可以看出，主要是由存款和股票投资带来。在新冠疫情期间，对外部门在温州市的存款由2020年的15.2亿元增长至2021年的83.2亿元，资本加速回流至温州市。在股票方面，资金的来源和运用呈现反向走势。2020年有98.01亿元的资金投资于温州市上市公司，但是在2021年，有425.93亿元资金加速流出温州市股票市场。2020年有75.76亿元的资本进入市外上市公司，但在2021年，投资态势反转，有188.49亿元的资金撤出市外上市公司。此外，债券市场也呈现一定波动，2020年有6.4亿元资金流出温州市债券市场，而在2021年又有22.4亿元资金加速流入。

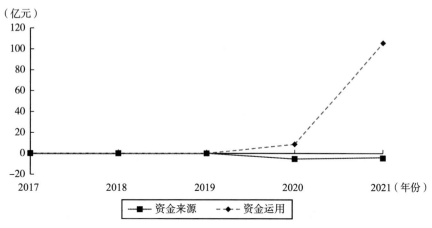

（亿元）

图 7 - 17　2017～2021 年温州市对外部门资金来源与运用

第三节　货物进出口与经济外循环

一、货物进出口

温州市是东南沿海重要的商贸城市和区域中心城市，民营经济高度发达，据统计，现有 245 万在外温州人商行天下，2021 年温州市践行"八八战略"、奋力打造"重要窗口"以及高质量发展建设共同富裕示范区的要求，不断实现更高水平走出去，更高质量引回来。全年货物进出口总额高达 2411.2 亿元。货物进出口情况是导致对外资产负债变化最重要的驱动因素之一，影响着外债贷款、外资投资、资本流动等。因此需要给予重点关注。

表 7 - 3 显示，温州市货物进出口总额以每年 10% 以上的增长率连年增长，2021 年货物进出口总额达到 2411.2 亿元，占浙江省货物进出口总额的 5.8%。货物出口额为 2035.8 亿元，增长率为 8.4%，货物进口额为 375.4 亿元，增长率为 20.3%。从图 7 - 18 可以看出货物进出口总额增长率与货物出口额增长率趋势相同且数值较为接近，而货物进口额增长率波动幅度较大。

2019 年受中美贸易摩擦的影响，货物进口额增长率下降至 6%，而 2020 年货物进口额增长率达到了 43.80%，超浙江省全省平均增速 32.6 个百分点，主要原因在于温州市大力推进浙南闽北赣东进口商品集散中心建设。入驻品牌进口商 67 家，推动瓯海获批省级进口贸易促进创新示范区、全球商品贸易港、浙江（温州）进口消费品博览会获批省级重点进口平台。而即使受到新冠疫情的强烈冲击，温州市 2020 年货物出口额增长率仍然在 10% 以上，主要得益于温州市召开的几大线上展会，例如，"2020 浙江温州网上出口交易会""第 30 届网上华交会"等。2021 年全球新冠疫情蔓延，对对外贸易产生巨大影响，进口额和出口额增长率都有所下降。

表 7 - 3　　　　　2017~2021 年温州市货物进出口主要分类情况　　　单位：亿元

项目	2017 年	2018 年	2019 年	2020 年	2021 年
货物进出口总额	1327.1	1507.2	1902.2	2189.7	2411.2
货物出口额	1157.9	1302.4	1685.3	1878.1	2035.8
#一般贸易	1118.3	1259.6	1375.7	1444.6	1727.0
加工贸易	37.5	34.9	35.9	22.9	29.3
#鞋类	267.7	286.1	312.0	204.0	228.9
服饰及衣着附件	99.7	104.5	117.6	98.5	108.0
#机电产品	528.0	601.5	788.0	894.3	1053.5
#高新技术产品	30.3	38.2	53.4	60.9	72.3
货物进口额	169.2	204.7	216.9	311.7	375.4
#一般贸易	154.0	186.8	202.0	299.3	353.5
加工贸易	11.3	12.0	9.6	7.0	10.9

温州市 2021 年货物出口总额 2035.8 亿元，其中机电产品出口 1053.5 亿元，增长率为 17.8%，占货物出口总额的一半以上。2021 年海外新冠疫情持续蔓延，居家生活和海外供应链的破坏给部分机电产品出口带来了机遇，加上温州市不少机电企业积极开拓"一带一路"市场，都对机电业出口形成支撑。而传统产业（见图 7 - 19），例如，鞋类产业受新冠疫情影响出口额有所

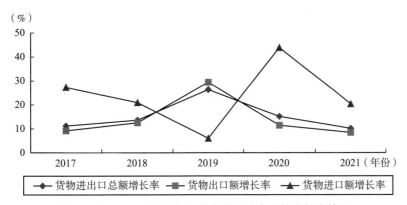

图 7 - 18 2017~2021 年温州市货物进出口额增长率情况

减少，从 2017 年的 267.7 亿元下降至 2020 年的 204.0 亿元，2021 年鞋类出口额为 228.9 亿元，传统产业面临转型升级困境，物流成本上升，鞋类出口面临挑战。高新技术产品出口额连年上涨，从 2017 年的 30.3 亿元上升至 2021 年的 72.3 亿元。2021 年高新技术产品出口额在全市出口额中占比达 3.55%。其中，生命科学技术、光电技术、计算机与通信技术等高新技术产品出口增长强劲，增速分别达 38.9%、31.8%、16.2%。其中 2019 年高新技术产品出口额增长率达到了 39.8%，拉动全市出口增长 1.2 个百分点。

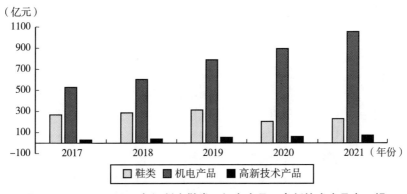

图 7 - 19 2017~2021 年温州市鞋类、机电产品、高新技术产品出口额

图 7 - 20、图 7 - 21 显示，2017~2020 年温州市对共建"一带一路"国家出口额不断增加，从 2017 年的 420.2 亿元增加至 2020 年的 848.1 亿元。

2017 年温州市传统劳动密集型产品出口已遍及共建"一带一路"国家，出口量达 144.16 亿元，同比增长 15.2%，占比 28.83%。2019 年温州市对共建"一带一路"国家出口额增长率为 52.00%，在共建"一带一路"国家建成俄罗斯、越南、乌兹别克斯坦 3 个国家级境外经贸合作区，塞尔维亚、乌兹别克斯坦 2 个省级境外经贸合作区。2020 年在共建"一带一路"国家建成俄罗斯、越南、乌兹别克斯坦 3 个国家级境外经贸合作区，塞尔维亚、乌兹别克斯坦、印度尼西亚 3 个省级境外经贸合作区。温州市在"一带一路"经济建设中发挥着重要作用。

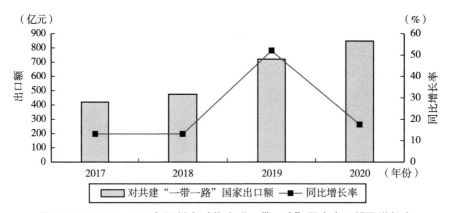

图 7-20 2017~2021 年温州市对共建"一带一路"国家出口额及增长率

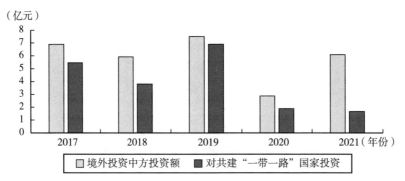

图 7-21 2017~2021 年温州市境外投资中方投资额及
对共建"一带一路"国家投资额

二、对外投资

2017 年温州市境外投资总额达 6.89 亿美元，新批境外投资项目 25 个，其中对共建"一带一路"国家投资 5.46 亿美元，占全部境外投资比重达 79.2%。2020 年受新冠疫情影响，境外投资总额下降到 2.88 亿美元，2021 年对共建"一带一路"国家投资占比有所下降，占比为 27.4%，而 2017 年至 2020 年对共建"一带一路"国家投资占比均在 60% 以上，2019 年更是达到了 92.2%。2021 年新批境外投资项目也有所减少。

第三篇
专题报告

第八章

温州市民间金融风险配置测度

第一节　温州市民间融资与投机资本测度

随着我国现代金融体系逐步完善，民间金融已成为正规金融的补充，与正规金融在中小微企业融资供给中发挥着协同效应。但是民间金融作为"草根金融"，一旦有适宜的外部环境和市场需求，就会迅速萌发，并可能发展为对区域系统性风险具有影响力的金融力量。特别是在民间资本丰裕的地区，例如，浙江温州、陕西神木、内蒙古鄂尔多斯等地都发生过基于民间借贷崩盘的区域金融风险案例。早在 20 世纪 80 年代中后期、90 年代初，以及 2015 年温州就爆发过的十多起影响较大的地方性民间借贷"会案"。2011 年下半年爆发的温州区域"金融风波"，震惊全国，促成了 2012 年国家综合金融改革试验区在温州设立。这场区域"金融风波"的实质是当地民营企业银行贷款、民间借贷过度负债，风险配置失衡，导致的地方性债务危机。温州民营经济发达，民间资本富集，民间金融历来很活跃，是研究民间金融风险配置的典型样本。本章将以温州为案例，利用课题组构建的风险配置指标，及我们估算的温州民间融资、投机资本规模的时间序列数据，进一步验证民间金融风险配置指标体系的可靠性。在此基础上，构建系统性民间金融风险指数，并以温州案例进行检验。

　　投机资本通过民间融资渠道获得资金，从而加杠杆进行投机炒作，可能加剧区域金融风险。根据课题组构建的投机资本和民间融资估算方法，我们估算了温州市 2010~2021 年的投机资本规模和民间融资规模。地区投机资本总额中居民部门的投机资本以居民投机性房贷代表，企业部门的投机资本以房地产贷款代表，分别见表 8 - 1 和表 8 - 2。投机资本和民间融资数据，再加上课题组编制的 2017~2021 年温州地区"资产负债表"和"资金流量表"，作为温州市风险配置测度的基础数据来源。

表 8 - 1　　　　　　　　　温州市投机资本规模估算及结构　　　　　　单位：亿元

年度	投机资本总规模	居民投机性房贷	企业房地产贷款	年度	投机资本总规模	居民投机性房贷	企业房地产贷款
2010	1138	349	39	2016	2394	967	176
2011	1662	115	65	2017	2770	1511	153
2012	1687	89	52	2018	3279	2175	184
2013	1889	337	111	2019	3696	2486	279
2014	1990	396	131	2020	4257	2761	333
2015	2122	528	59	2021	4683	2923	273

资料来源：课题组估算。

表 8 - 2　　　　　　　　　温州市民间融资规模估算及结构　　　　　　单位：亿元

年度	民间融资总规模	居民民间融资	企业民间融资	年度	民间融资总规模	居民民间融资	企业民间融资
2010	479	379	100	2016	457	392	66
2011	442	376	66	2017	270	216	53
2012	66	55	11	2018	365	267	98
2013	153	130	23	2019	613	497	116
2014	72	61	11	2020	792	499	293
2015	522	446	76	2021	492	410	83

资料来源：课题组估算。

第二节　居民部门风险配置测度与诊断

一、资金配置风险

资金配置风险主要测度居民部门的投机资本、民间融资配置状况。

1. 投机性房贷/负债

从图 8 - 1 显示的占比看，温州市居民部门投机性房贷配置 2017 ~ 2021 年呈现先升后降的态势，但总体占比仍比较高，平均占比为 36.99%。浙江省 2018 ~ 2020 年平均值为 26.06%，而温州市最低值 2017 年都超过 31%，2019 年最高到 40%。故温州市居民部门投机性房贷配置过高。

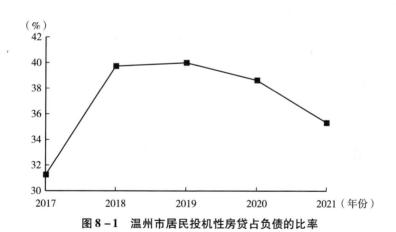

图 8 - 1　温州市居民投机性房贷占负债的比率

2. 民间融资/总债务

从图 8 - 2 的占比看，温州市居民部门的民间融资占总负债比例并不高，五年平均值为 5.52%。对比浙江省 2018 ~ 2020 年的平均值为 8.7%，2019 年曾升高到 12.7%，温州市 2019 年为 7.4% 且是五年的最高点。可见，温州市居民部门民间融资配置风险较低。

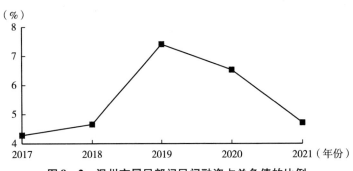

图 8 - 2　温州市居民部门民间融资占总负债的比例

二、债务偿付风险

金融资产最具流动性，是债务偿付的最终资源。偿付风险以居民民间融资与金融资产之比、总债务与金融资产之比衡量。从图 8 - 3 所示的两个指标比较看，居民部门民间融资占金融资产比重很小，平均不超过 2%。但也包括民间融资的居民总负债占金融资产之比衡量，发现比率上升较多，2017～

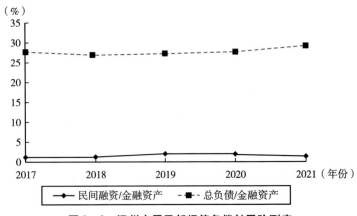

图 8 - 3　温州市居民部门债务偿付风险测度

2021 年平均值为 27.74%，且呈上升态势。但与浙江省 2018～2020 年平均 32.77% 的该比率对比，温州市的指标也不算高。

三、杠杆率风险

杠杆率指标衡量居民债务与收入的对比关系，包括总债务与 GDP 之比、债务与可支配收入之比两种测算指标。

1. 总债务/GDP

这里我们把居民部门的民间融资、包含民间融资的总债务分别与 GDP 相比，判断温州市居民部门的杠杆率风险，测算结果见图 8 - 4。从图 8 - 4 中看出，民间融资占 GDP 比例总体较低，最高时期是 2010～2011 年，分别为 16.41%、12.96%，此后回落并在 5%～12% 波动。但从总债务与 GDP 之比看，则明显上升，2017～2021 年平均值为 103%[①]，并呈不断上扬趋势，2021 年已经超过 114%。温州市居民杠杆率平均值不仅远超 2020 年全国

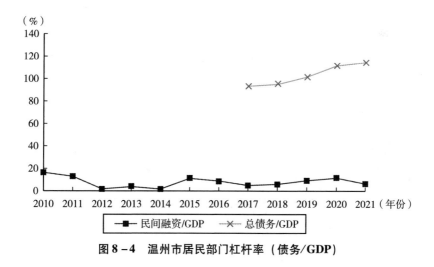

图 8 - 4　温州市居民部门杠杆率（债务/GDP）

---

① 课题组仅编制了 2017～2021 年温州市的"资产负债表"，故杠杆率估算仅包括这五年数据。

居民部门杠杆率62.2%的水平①和国际清算银行（BIS）口径的我国居民杠杆率59.1%，而且也超过浙江省居民部门103%的水平。这表明温州市居民杠杆率偏高。

中国人民银行发布的《2020年第四季度货币政策执行报告》显示，我国大约有20%的居民债务与经营活动相关②。温州市个体私营经济发达，民营经济占对GDP的贡献超过90%，居民债务中与经营活动相关的占比远高于全国20%的水平。我们假定温州市居民债务中经营性占比为40%，剔除经营性债务后，2019～2021年温州市居民杠杆率分别为60.94%、66.95%、68.71%，仍高于全国水平。

2. 总债务/可支配收入

我们估算了温州市2017～2021年的居民部门可支配收入，测算了温州市居民部门包含民间融资的总债务占可支配收入的杠杆率指标。从图8-5中看出，温州市居民部门的可支配收入杠杆率偏高，总体呈现不断上升态势。2017～2021年平均值超过137.85%，且2021年超过148%，也远远高于其总债务比

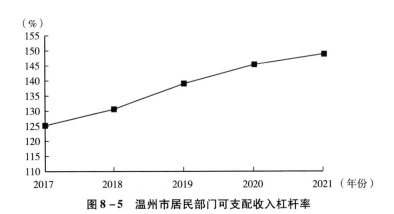

图8-5 温州市居民部门可支配收入杠杆率

---

① 2021年度中国杠杆率报告：杠杆率降幅明显为政策留出空间［EB/OL］. 新华社客户端，2022-02-15.

② 我国居民杠杆率在国际上处于合理水平［EB/OL］. 光明网，2021-02-09.

GDP 的杠杆率指标。但与 2021 年浙江省居民部门的收入杠杆率 178% 比较，还不算太高。考虑温州市居民部门债务中与经营性活动相关的债务占比较高的特殊性，假定剔除掉 40% 经营性债务，其 2019～2021 年的收入杠杆率分别降低为 83.45%、87.23%、89.36%，低于浙江省水平（浙江省 2018～2020 年剔除 30% 居民经营性债务后的可支配收入杠杆率为 124.75%）。

四、风险关联

风险关联指标我们用温州市居民部门的总住房贷款、投机性住房贷款分别与其可支配收入对比，测算居民房地产融资的风险关联状况，结果见图 8-6。居民部门投机性房贷占比平均值为 48.22%，总趋势为不断上升后有所回落，但 2019～2021 年的占比已经超过 50%，可见债务偿付压力较大。从房贷总额占比看，也是不断上升态势，平均占比超过 64%，且近年有加速上扬趋势。特别是近两年的总房贷占比都超过 70%。这表明理论上居民部门可支配收入的 2/3 要用于偿付房贷。可见，温州市居民部门以住房贷款占可支配收入之比测度的风险关联，不容乐观。一旦有部分居民房贷无法偿还，即使仅有 5% 的房贷，也会带来近 2.5 个百分点的银行不良贷款率升高。

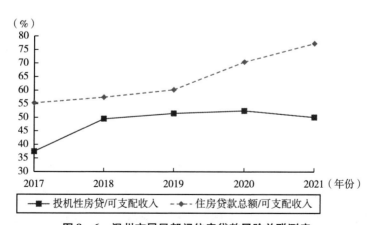

图 8-6 温州市居民部门住房贷款风险关联测度

五、居民部门风险配置诊断

温州市居民部门的资金配置来看，投机性房贷占金融资产之比显得较高，已经超过浙江省平均水平，投机资本风险配置有点高。但民间融资占负债之比较低，不超过8%，说明民间融资配置风险不高。

债务偿付风险总体不算高，总债务占金融资产之比平均为27%左右，低于浙江省平均33%的占比。但杠杆率风险偏高，总债务比GDP杠杆率指标不仅远远超过全国平均水平，也高于浙江省平均值。总债务比可支配收入杠杆率超过137%，理论上存在陷入明斯基投机性融资模式的可能性，但低于浙江省平均水平。

以住房贷款与可支配收入之比衡量的风险关联指标也明显偏高，可支配收入中的2/3要用于偿还房贷，可见温州市居民部门的房贷压力较大。

第三节　企业部门风险配置测度

一、资金配置风险

（1）房地产贷款/总负债。企业部门的投机资本我们以企业的房地产贷款为指标，计算其在企业总负债中的占比，考察企业负债中投机资本的配置状况。

（2）民间融资/总负债。根据课题组测算的企业部门民间融资额，计算民间融资占总负债的比率，考察企业负债中民间融资的配置状况。

上述两个指标测算结果见图8-7。从图中观察，企业部门的房地产投机性融资占比总体不高，平均值为3.93%；民间融资平均占比仅为2.02%，即使2020年占比上升到4%，也比较低。这表明两类资金配置风险较小。

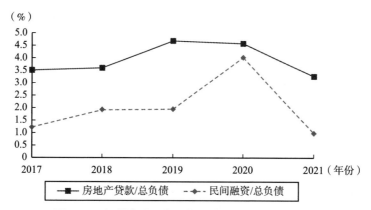

图8-7 温州市企业部门投机资本、民间融资配置

二、债务偿付风险

金融资产是债务偿付的最终来源，也是衡量企业流动性的重要指标。因此，企业部门债务偿付风险以民间融资、包含民间融资的总债务分别与其金融资产之比测度，测度结果见图8-8。从图中观察，民间融资占比较小，平均值不超过3%，表明民间融资的债务偿付风险较低。但总债务的偿付风险明显偏高，2017~2021年平均值超过114%，且有波动上升的态势。温州市

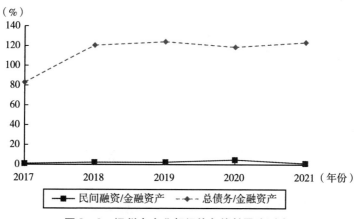

图8-8 温州市企业部门债务偿付风险测度

总债务偿付比率相当于浙江省企业部门债务偿付比率57.34%（2018～2020年平均值）的199%，故温州市企业部门债务偿付风险值得进一步关注。

三、杠杆率风险

（一）债务/GDP

为了衡量企业部门民间融资负债状况，我们以企业部门的民间融资、总债务分别与GDP比，估算两种口径的杠杆率，结果见图8-9。从图中可看到，企业部门民间融资占比很低，最高年份2020年也仅为4.28%，其余年份基本在1%左右。总债务杠杆率相对较高，2017～2021年平均为94.24%，且走势有上升的态势。但总债务杠杆率低于全国企业部门平均水平（2020年杠杆率162.3%），也低于浙江省平均水平（2020年浙江省为156.58%）。所以，温州市企业部门总体杠杆率风险不算太高。

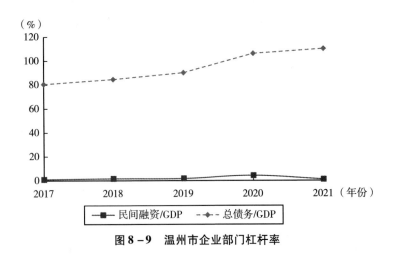

图8-9　温州市企业部门杠杆率

（二）资产负债率

资产负债率是衡量企业部门杠杆率最通用的指标，从图8-10温州市企业部门资产负债率指标看，平均值为 36.34%，低于浙江省 2018~2020 年企业部门资产负债率平均值 41.86%。所以，温州市企业部门的资产负债杠杆率并不高。

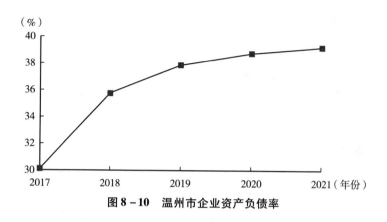

图 8-10 温州市企业资产负债率

四、风险关联

风险关联测度主要针对企业部门的房地产投机性融资，即房地产贷款。包括两个指标，房地产投机资本比金融资产、房地产投机资本比可支配收入。从图 8-11 结果看，房地产贷款占金融资产比重较低，平均不超过 4.5%；房地产贷款占可支配收入平均为 20.17%，总体看风险可控。

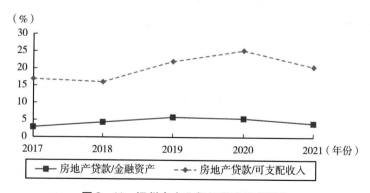

图 8-11 温州市企业部门风险关联测度

五、企业部门风险配置诊断

资金配置方面，温州市企业部门无论是民间融资还是房地产投机性融资，在总负债中的占比都比较低，风险不大。债务偿付风险方面，主要是总债务的偿付风险偏高，特别是债务偿付比率比浙江省的平均值高近一倍多，且呈现波动上升趋势，表明短期偿债风险较高。但温州市企业部门总债务比 GDP 的杠杆率低于全国平均水平和浙江省平均值，资产负债率指标也低于浙江省平均水平。企业房地产融资的关联风险也总体可控。总体看，温州市居民和企业部门风险，主要集中于居民部门。

温州市企业部门除了总债务的偿付风险过高之外，其他指标也相对较低，特别是民间融资、房地产融资的杠杆率较低。这可能是当地民营企业在经历了 2011 年温州市区域金融危机教训后，在非正规融资和房地产等投机性较强的领域，投融资变得谨慎。如此看来，企业接受一些风险教训，使其以更谨慎的态度进行投融资，这未尝不是一件好事。

六、风险聚合

金融风险发生聚合效应，会引起系统性风险爆发，民间融资利率、民间借贷纠纷、银行不良贷款率都会急剧上升。我们以民间融资信用利差、民间借贷案件增量、银行不良贷款率三个指标反映民间金融风险聚合。

（一）民间融资信用利差

信用利差是债券市场上两类信誉不同的公司发行债券的利率差，反映投资者对信用产品违约风险和流动性风险的补偿要求。当债务人信用风险和市场风险高的时候，这一补偿要求也会提高，故信用利差是反映金融危机的一个天然指标（李拉亚，2016）。这里我们借用信用利差的概念体现民间融资综合利率与银行企业贷款加权平均利率的差。一般来讲，银行借款人信用高于民间融资借款者，这两种融资渠道的利率差，能够反映融资者的信用风险差异。民间融资信用利差越大，表明发生民间融资风险的可能性越高。该指标以温州市民间融资综合利率为对象。

温州市民间融资综合利率是中国人民银行温州市中心支行抽样调查（最早监测始于 2003 年）和温州市金融办抽样调查公布的数据（始于 2012 年温州国家级金融综合改革试验区设立，2013 正式对外发布"温州指数"），这两组数据相互衔接，可以反映温州市民间融资风险溢价状况，见图 8 - 12。2011 年温州市爆发区域民间借贷危机，2010 年当地民间借贷综合利率就已经体现出不断上升的趋势，25.91% 的综合利率成为 2010 年以来民间借贷成本的一个最高点。民间融资综合利率与银行企业贷款加权平均利率的信用利差也是阶段最高值，达到 19.59%。值得关注的是自 2018 年以来，温州市民间融资综合利率和信用利差又开始波动上升，这提醒我们区域民间融资风险不可忽视。

图 8 - 12 温州市民间融资综合利率与信用利差

（二）地方人民法院民间借贷案件增长率

衡量民间金融领域信用风险的一个最直接指标就是地方人民法院的民间借贷案件收案数和标的额的增长状况，但该指标不具有预测性。相关数据在温州市中级人民法院年度工作报告中披露。从图 8 - 13 和图 8 - 14 可以看出，2011~2012 年是温州市间借贷案件集中爆发的高峰期。2011 年温州市民间金融危机爆发，当年温州市中级人民法院民间借贷案件收案数达 1.21 万件，比上年增长 46.27%，收案标的额为 114.3 亿元，比上年增长 151.76%。2012 年收案数进一步升高到 1.95 万件，比上年增长 61.54%，收案标的额为 218.3 亿元，比上年增长 90.99%。这两项指标直到 2013 年才回落。2020 年受新冠疫情等因素影响，民间借贷案件又有所上升。

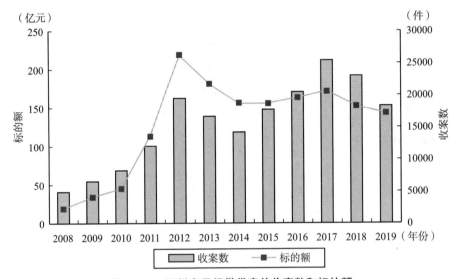

图 8 - 13　温州市民间借贷案件收案数和标的额

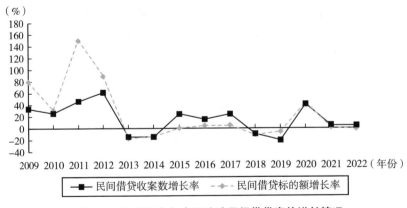

图 8 - 14　温州市中级人民法院民间借贷案件增长情况

（三）银行不良贷款率和关注贷款率

2011 年温州市区域金融危机爆发，许多民营企业既有大量银行贷款，还有民间借贷。民间融资债务刚性更强，一旦违约甚至会出现违法催债，企业会设法先偿还民间借贷。这样债务风险就由民间借贷领域向银行系统传递。不良贷款有滞后性，使 2013～2015 年这段时间银行不良贷款成为历史高点。从图 8-15 可以看出，2013 年银行不良贷款率最高达到 4.41%，关注类贷款滞后一年，最高点为 2014 年，达到 6.51%。

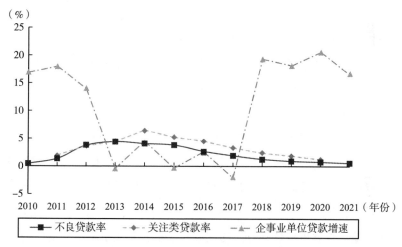

图 8-15　温州市银行业不良贷款率、关注类贷款率和企事业单位贷款增速

通过上述三个层面指标，可以发现一个共同特点，当民间金融风险集中爆发时，民间融资的信用利差明显扩大，法院的民间借贷案件和标的额迅速攀升，尤其是案件标的额增长率成倍提高。然后民间金融风险向正规银行体系传递，银行系统不良贷款也会迅速上升，并在 2～3 年达到最高点。区域社会信用体系遭受严重损害。随后，进入银行贷款、民间借贷萎缩阶段。从图 8-15 可以看出，企事业单位贷款增速自 2011 年后剧烈下降，2013 年、2015 年增速为负数，2014 年、2016 年增速仅为 4.5%、2.62%。我们估算的民间

借贷规模自 2011 年的 442 亿元迅速降至 2012 年的 66 亿元，降低了 84.99%。企业投资被迫收缩，以修复受损的资产负债表。

第四节　系统性民间金融风险指数构建

作为非正规金融的民间金融，是投机资本的重要来源，其隐蔽性和短期性特征，金融脆弱性更强，更容易向明斯基式投机性融资转变，是民间金融风险配置失衡的内生原因。经济系统、金融系统风险配置失衡是引发系统性金融风险的重要外部因素。金融顺周期、民间资本过度投机、资产价格波动、影子银行扩张、房地产泡沫都是区域金融失衡的客观事实。

防范化解系统性金融风险的前提和基础，是有效识别和准确测度系统性金融风险。国际监管部门和国内外学者对系统性金融风险测度的持续性探索，已形成了一系列测度技术和方法，主要分为指数法和模型法。指数法主要有金融压力指数法（Illing and Liu，2003；Hakkio and Keeton，2009）、SRISKS 指数法（Brownlees and Engle，2012）、早期预警系统（Davis and Karim，2008）等。模型法主要有评估系统性风险损失概率的 CoVaR 方法（Adrian and Brunnermeier，2011）、边际预期损失法（Acharya et al.，2013）、困境保费法（Huang et al.，2012）等。基于数据可得性和方法的适用性，本文采用金融压力指数法。

金融压力指数（financial stress index）是由一系列反映金融体系各个子系统压力状况的指标合成的综合性指数，可以通过因子分析法、信用权重法等方法构建。作为一种简单直观的金融风险度量方法，金融压力指数最早由加拿大经济学家伊琳（Illing）和刘颖提出。金融压力指数是一个连续变量，能够反映整个金融体系总体风险压力的持续波动状态和严重程度。该指数涵盖银行、外汇、债券、股票等多个金融市场，由数量变量、价格变量和其他变量等多类型变量构成，能有效衡量一国金融在某一时刻的金融压力及一段时期内的波动情况，通过比较分析能及时提示和预警潜在金融风险。

宏观层面的系统性民间金融风险指标构建不仅要考虑民间金融子系统风

险，还要考虑区域经济、金融机构、资产泡沫及货币政策等因素的相互作用。为此，我们从区域系统性民间金融风险的成因出发，根据民间金融风险和系统性金融风险形成中的典型事实，借鉴伊琳和刘（Illing and Liu，2003）构建的金融压力指数，分别选择区域经济、金融机构、资产泡沫、民间金融、货币政策五个维度作为一级指标，以及 25 个二级指标，利用因子分析、卡尔曼滤波、偏最小二乘法等方法构建民间金融风险指数，并以温州市为案例进行实证检验。指数值越大，反映的系统性民间金融风险就越大，反之则越小。

一、指标体系构建

（一）区域经济风险指标

区域经济风险指标主要包括 GDP、CPI、财政赤字占 GDP 比重、进出口增长率、规模以上工业企业利润增长率与资产负债率共 6 个二级指标。系统性金融风险的发生与区域经济运行是否健康有密切关系。如果经济运行中存在发展速度过快或过慢、经济结构失衡、投资失衡、通货膨胀等问题，那么即使金融风险程度不是很高，也有可能在外部因素冲击下引发金融风险。

（二）金融机构风险指标

金融机构风险指标主要包括贷款增长率、短期贷款占比、不良贷款率、关注类贷款比率共 4 个二级指标。区域资源配置失衡，民间金融领域发生风险，通过风险的部门关联，最终都会反映到银行系统。表现为银行不良贷款率上升，在风险压力下，银行降低贷款投放速度，更倾向于发放短期流动资金贷款。某些经营过于激进的银行坏账激增，甚至可能遭受流动性风险压力。

（三）资产泡沫风险指标

金融风险往往与泡沫有关，最突出的领域就是房地产和证券市场。为此，资产泡沫风险指标包括投机资本占 GDP 比率、平均地价指数、新建住宅价格指数、证券交易总额占 GDP 比率、股票市值占 GDP 比率、期货交易额占

GDP 比率等共 6 个二级指标。除投机资本规模使用我们课题组估算的数据外，其他数据均来自万得（Wind）数据库或温州市统计局。民间资本投机性强，一旦预期金融资产价格看涨，除银行贷款外，也通过民间借贷加杠杆，进入房地产、股票、期货等投机性市场炒作，投机资本推动金融资产价格泡沫，形成资产泡沫风险，引发金融危机。资产泡沫风险取决于资产价格泡沫程度以及投机资本在整个经济中所占比重。

（四）民间金融风险指标

民间金融风险指标主要由民间融资综合利率、民间融资占贷款增加额比重、民间借贷案件数及标的额占比、民间借贷案件及标的额增速等共 4 个二级指标组成。民间金融风险上升时，民间融资加权利率将大幅提高，民间融资借贷纠纷收案数量和收案标的额快速攀升。民间融资的信用风险大量暴露是民间金融内在脆弱性的特征事实。

（五）货币政策风险指标

货币政策属于宏观调控范畴，作为政策变量影响区域资金供求。作为正规金融的补充，当社会资金面紧张时，民间金融市场融资利率、融资额也会快速上升。当货币政策波动过大时，会引发民间金融市场风险。货币政策风险指标包括地区 M2 增长率、企业贷款加权平均利率和汇率共 3 项。

二、指标赋权

对于系统性金融风险的指标赋权，本书采用应用较为广泛、操作较为简便的客观赋权法——熵值法。具体步骤如下：

第一步，数据标准化。数据标准化是为了消除由于初始数据中不同的量纲和数量级对指标评价体系的影响，指标分为正向指标、负向指标与区间指标，分别对应不同的标准化公式。正向指标的标准化公式为：

$$x'_{ij} = \frac{x_{ij} - \min\{x_j\}}{\max\{x_j\} - \min\{x_j\}}$$

同样地，负向指标的标准化公式为：

$$x'_{ij} = \frac{\max\{x_j\} - x_{ij}}{\max\{x_j\} - \min\{x_j\}}$$

如果该项指标是区间指标，那么指标无论过大还是过小都意味着金融风险不在正常范围内，只有指标在一定区间内，才说明风险合理可控，区间指标的标准化公式为：

$$x'_{ij} = \frac{\max\{x_j\} - x_{ij}}{\max\{x_j\} - x_{jM}}$$

其中，x_{ij} 表示第 i 年第 j 项指标的数值，$\min\{x_j\}$ 与 $\max\{x_j\}$ 分别表示所有年份中第 j 项指标的最小值以及最大值。x_{jM} 表示第 j 项指标临界区间的均值。

第二步，计算第 i 年第 j 项指标数值占该项指标总样本数值的比重：

$$Y_{ij} = \frac{x'_{ij}}{\sum\limits_{i=1}^{m} x'_{ij}}$$

第三步，计算该项指标的信息熵：

$$e_j = -k \sum\limits_{i=1}^{m} Y_{ij} \times \ln Y_{ij}$$

第四步，计算信息熵的冗余度：

$$d_j = 1 - e_j$$

第五步，计算指标权重：

$$w_j = \frac{d_j}{\sum\limits_{j=1}^{n} d_j}$$

其中，$k = 1/\ln m$，m 为指标评价的年数。n 为指标个数。

根据前文系统性金融风险的生成原因，结合熵值赋权方法，构建包括区域经济运行风险、金融机构风险、资产泡沫风险、民间金融风险、货币政策风险共五类子系统的风险测度指标体系，并对相关指标权重赋值，如表 8 - 3 所示。

表 8 – 3　　　　　　　　　系统性民间金融风险测度指标与权重设定

一级指标	一级指标权重系数（%）	二级指标	指标性质	符号	二级指标权重系数（%）
区域经济风险指标	22.03	GDP 增长率	区间	X1	21.52
		CPI	区间	X2	8.24
		财政赤字占 GDP 比重	负向	X3	14.52
		进出口增长率	区间	X4	11.20
		规上工业企业利润增速	正向	X5	26.33
		规上工业企业资产负债率	负向	X6	18.18
金融机构风险指标	21.00	贷款增长率	区间	X7	31.34
		短期贷款占比	负向	X8	30.01
		不良贷款率	负向	X9	24.23
		关注类贷款比率	负向	X10	14.42
资产泡沫风险指标	27.24	投机资本占 GDP 比重	负向	X11	14.89
		平均地价指数	负向	X12	28.54
		新建住宅销售价格指数	负向	X13	23.32
		证券交易额占 GDP 比重	负向	X14	7.50
		股票市值占 GDP 比重	负向	X15	19.14
		期货交易额占 GDP 比重	负向	X16	6.61
民间金融风险指标	16.19	民间融资综合利率	负向	X17	15.25
		民间融资占贷款增量比重	负向	X18	23.75
		民间借贷案标的额占比	负向	X19	15.83
		民间借贷案件增长率	负向	X20	19.89
		民间借贷案标的额增长率	负向	X21	14.33
		民间借贷案件数占比	负向	X22	10.95
货币政策风险指标	13.54	M2 增长率	区间	X23	23.75
		企业贷款加权平均利率	区间	X24	48.64
		汇率	区间	X25	27.60

三、临界值和安全区间确定

指标的临界值是判断该项指标属于何种风险状态的标准。本书参考吴成颂（2011）和唐升（2018）的方法，若某项指标的临界值有明确的国内标准，则采用国内标准，如果该项指标没有国内标准，则参照国际标准或本国稳定时期以及背景相似的国家标准。除了指标临界值的设置，还需对指标的安全区间进行设定，从而确定指标处于不同区间时所对应的风险状态。安全区间通常根据指标历史数据、国际公认的标准以及专家评价确定。为使指标具有可比性，通过比较指标值相对于指标各自安全区间的位置，将相应的指标值映射到分数区间内，通过赋权加总，将不同指标都转化为统一的分数，依据指标得分来判断风险水平，具体见表 8 - 4。

表 8 - 4 　　　　　　　系统性民间金融风险测度分数划分

项目	分数值			
	0 ~ 10	10 ~ 25	25 ~ 40	40 ~ 60
状态	安全	基本安全	风险	较大风险
信号灯	蓝色	绿色	黄色	红色

四、实证检验

实证检验采用熵值法，结合指标临界点与风险安全区间，以温州市为案例，对 2011 ~ 2021 年的地区系统性金融风险及其子系统风险状况进行检验。测度使用的数据来源分别包括，地方宏观经济数据来自《温州统计年鉴》；贷款、利率、汇率等数据来自温州市金融办调研报告、中国人民银行总行网站；民间借贷案件及案件标的额数据来自温州市中级人民法院年度报告；股票市场、期货市场及商品房价格数据来自万得（Wind）数据库。民间融资规模、投机资本规模为课题组估算。

（一）地区系统性金融风险

地区系统性金融风险指数及子系统构成测度结果见表8-5，地区系统性金融风险指数走势见图8-16。

表8-5　　　　　　　　地区系统性金融风险指数及其构成情况

项目	2011年	2012年	2013年	2014年	2015年	2016年	2017年	2018年	2019年	2020年	2021年
区域经济风险指标	15.39	14.51	8.98	7.24	10.57	7.71	15.40	10.59	5.51	11.60	12.60
金融机构风险指标	30.52	29.48	26.70	25.05	23.86	20.96	18.41	19.99	19.05	18.36	17.15
资产泡沫风险指标	15.14	7.21	12.54	15.34	20.39	20.23	21.40	17.52	17.31	23.05	24.33
民间金融风险指标	59.67	46.38	13.48	11.81	21.65	21.08	24.70	17.35	16.55	18.44	17.56
货币政策风险指标	10.02	5.98	6.35	6.75	7.38	7.51	6.27	6.43	7.26	7.55	5.97
系统性金融风险指数	21.55	16.48	12.07	12.27	15.07	14.34	14.55	12.65	12.38	14.14	13.88
安全状况	基本安全	基本安全	基本安全	基本安全	基本安全	基本安全	基本安全	基本安全	基本安全	基本安全	基本安全

图8-16　地区系统性金融风险指数走势

总体来看，温州市地区系统性金融风险指数经历了从高位回落，然后围绕一个区间波动的态势，近期有所回落。2011年温州市金融风险指数高达21.55，因当年爆发了源于民间借贷领域的过度投机性融资导致的区域债务危机。在国家金融综合改革试验区政策支持下，经过各级政府、银行、行业商会等多方协同努力，风险逐步得到控制和化解。但这场债务危机给地方经济金融系统带来了严重影响，区域社会信用环境受损，民间资本和民间借贷大幅萎缩、银行不良贷款大幅升高，贷款投放减少，涉险企业经营困难。

根据表 8-5 具体测算结果看，2011~2021 年温州市地区系统性金融风险均处于基本安全状态，其中 2011 年金融风险指数最高。通过具体的指标分析可以发现，2011 年较高的系统性风险指数主要来自民间金融风险和资产泡沫风险，2012 年较高的风险指数主要来源于民间金融市场风险和金融机构经营风险，而企业利润增速下降和负债率过高也是这两年区域经济风险偏高的主要原因。

2013~2014 年的区域系统性金融风险集中在金融机构，其中 2013 年银行不良贷款率达到最高水平 4.41%，2014 年银行关注类贷款达到最高水平 6.51%。而且 2014 年温州市银行业金融机构首次出现大面积亏损，总额达 39 亿元，亏损机构面达 50%。

2015~2017 年的区域系统性金融风险主要集中在资产泡沫风险与民间金融风险领域。首先股票市场是风险主要来源之一，大量资金流向股市造成资产泡沫风险，民间资本转化为投机资本参与虚拟资产炒作，对实体经济形成挤出效应。另外人民币升值的压力从一定程度上也威胁到了金融系统的稳定。这段时间的民间借贷案件数量与标的额都有所上升，导致区域系统性金融风险综合指数上升。

2018~2019 年的区域系统性金融风险比较分散，各个领域均存在一定风险。由于 2018~2019 年全球经济下行压力加大，2018 年 3 月中美贸易摩擦发生，随后愈演愈烈，国内各地区经济也普遍进入下降周期。首先，是温州市制造业产能过剩，出现民间投资下降；其次，是房地产业过快发展，房价大幅上升，泡沫风险明显加剧；最后，是温州市地方财政吃紧，债务压力大。上述因素叠加导致区域系统性金融风险综合指数上升。

2020~2021 年的区域系统性金融风险也是分散于各个领域，资产泡沫风险值较高。2020 年受新冠疫情冲击，温州市 GDP 增长仅为 3.4%，同时对外贸易显著萎缩，进出口增长率下降，规上工业企业利润增速断崖式下跌；股票市场价格大落大起、地方财政债务水平快速攀升。另外，宽松的货币政策，推动股市重新走高的同时，在实体经济衰退过程中制造出了资产泡沫风险。2010～2021 年温州市投机资本规模占 GDP 比重高达 60% 以上，表明相当部分民间资本转化为投机资本，推动了资产泡沫形成。

（二）地区子系统风险测度

1. 区域经济风险

区域经济子系统的风险指数及其构成见表 8－6 所示，2011～2021 年，温州市区域经济的整体风险处于基本安全和安全状态。区域经济风险指数走势见图 8－17 所示。2011 年、2012 年和 2017 年区域经济风险处于最高点，虽然处于基本安全状态，区域经济运行大体平稳，但是存在一定风险。2011～2012 年温州市规模以上工业企业的利润率下降明显，资产负债率高企，而且这两个指标的权重最大，导致区域经济运行风险指数上升。根据浙江省人大财经委 2012 年调研发现，企业经营效益下滑、生产经营综合成本提高，订单进一步减少，减产停产现象增多，温州市有 60.43% 的规模以上工业企业出现减产停产。实体企业经营压力增大而导致的风险会传导至金融领域。2017 年温州市规模以上工业企业的利润率同比下降幅度最大。所以要降低区域经济运行风险，就必须加强对企业经营状况和负债率的风险监控。

表 8－6　　　　　　　　　　区域经济子系统运行风险情况

指标	2011年	2012年	2013年	2014年	2015年	2016年	2017年	2018年	2019年	2020年	2021年
GDP 增长率	9.51	6.69	7.65	7.2	8.3	8.4	8.4	7.8	8.2	3.4	7.7
CPI	6.1	2.3	1.9	1.8	0.7	1.4	2.4	2.3	2.2	2	1.4
财政赤字占 GDP 比重	-3.379	-3.545	-3.173	-2.836	-2.307	-1.083	-0.281	-0.345	2.252	0.957	-0.170
进出口增长率	1.23	1.01	1.05	1.04	0.90	-1.25	11.20	13.60	26.30	15.10	10.10
规上工业利润增速	-8.322	-9.263	11.458	16.530	2.364	11.367	-11.313	7.622	33.852	1.712	-0.051

续表

指标	2011年	2012年	2013年	2014年	2015年	2016年	2017年	2018年	2019年	2020年	2021年
规上工业资产负债率	60.48	59.61	57.97	56.06	52.70	49.92	50.6	50.9	50.6	51.3	53.4
区域经济风险指数	15.39	14.51	8.98	7.24	10.57	7.71	15.40	10.59	5.51	11.60	12.60
安全状况	基本安全	基本安全	安全	安全	基本安全	安全	基本安全	基本安全	安全	基本安全	基本安全

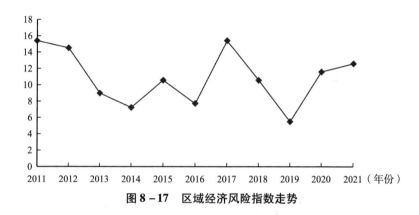

图 8 - 17　区域经济风险指数走势

2. 金融机构风险

金融机构风险指数测度及其构成见表 8 - 7，金融机构风险指数走势如图 8 - 18 所示。2011～2021 年金融机构经营风险指数处于基本安全和风险状态，整体风险呈下降的态势。从表 8 - 7 中可看到，短期贷款占比逐年下降，贷款增长率先降后升，不良贷款率呈先升后降态势。2011～2014 年金融机构经营处于风险状态，2011～2012 年风险指数高达 30 左右，随后逐渐开始回落。主要是因为 2011～2012 年贷款增速较高，短期贷款占比较大；2013～2014 年金融机构不良贷款率和关注类贷款占比的风险达到最高峰，因此金融机构经营风险值也较高，随后逐年下降。温州市金融机构运营曾经存在一定的风险，但尚属可控范围内，短期内金融机构运营风险并不会对整个系统性金融体系风险造成太大的影响。

表 8 – 7   金融机构风险指数及其构成情况

指标	2011年	2012年	2013年	2014年	2015年	2016年	2017年	2018年	2019年	2020年	2021年
贷款增长率	15.92	9.66	3.57	1.25	3.96	5.69	7.40	15.88	15.64	17.66	16.14
短期贷款占比	83.03	83.37	79.56	75.75	69.77	59.55	50.48	47.82	45.50	41.52	38.74
不良贷款率	1.36	3.75	4.41	4.08	3.82	2.69	1.92	1.29	0.94	0.79	0.6
关注类贷款比率	1.96	3.64	4.44	6.51	5.25	4.51	3.33	2.39	1.87	1.24	2.20
金融机构风险指数	30.52	29.48	26.70	25.05	23.86	20.96	18.41	19.99	19.05	18.36	17.15
安全状况	风险	风险	风险	风险	基本安全	基本安全	基本安全	基本安全	基本安全	基本安全	基本安全

图 8 – 18 金融机构风险指数

3. 资产泡沫风险

资产泡沫风险指数及其构成见表 8 – 8。从表 8 – 8 中可看到，资产泡沫子系统的风险情况处于基本安全状态，但在观察期内波动较大。从图 8 – 19 的资产泡沫指数走势可见，2011～2021 年资产泡沫风险指数整体呈先升后降再升的态势。从该系统的各项指标风险情况来看，资产泡沫风险主要来自房地产市场与股票市场。2015 年股票流通市值与 GDP 之比的风险值高达 61.23，期货交易额与 GDP 之比的风险值更是高达 31.99。温州市证券交易总额和期货交易总额分别是 GDP 的 11 倍和 32 倍，虚拟经济占经济比重过大，大量资金流向股市造成股市的泡沫风险。2015 年股票的平均市盈率风险值达到 46.96，同比上升 74%，远远超过风险警戒线，过高的市盈率使得更多的资金不断涌入股票市场，对经济带来一定的冲击。2021～2022年资产泡沫风险指数高企的原因在于投机资本与股票流通市值的风险值均超过60。地价和房价增长率处于先降后升，保持基本安全的状态，这与政府近年来采取的房价调控措施有密切的联系。资产泡沫风险权重较大，价格的频繁波动会对整个系统性金融风险造成较大的影响。

表8-8 资产泡沫风险指数及其构成情况

指标	2011年	2012年	2013年	2014年	2015年	2016年	2017年	2018年	2019年	2020年	2021年
投机资本占GDP比重	48.78	45.97	46.93	46.24	45.44	46.72	51.19	54.28	55.94	62.14	61.74
平均地价指数	2.92	-13.34	-2.28	-2.67	-1.98	5.34	5.01	4.25	-6.71	-0.34	3.41
新建住宅销售价格指数	-1.03	-12.33	-4.70	-4.88	-2.10	3.87	6.3	1.9	4.2	4.3	4
证券交易额占GDP比重	2.90	1.68	2.11	3.40	11.20	5.78	4.38	3.07	3.90	5.76	5.77
股票市值占GDP比重	33.72	33.60	33.68	49.24	61.23	52.85	53.98	38.49	48.99	63.5	65.4
期货交易额占GDP比重	9.31	7.51	10.56	10.19	31.99	4.44	3.30	2.86	3.76	4.58	4.17
资产泡沫风险指数	15.14	7.21	12.54	15.34	20.39	20.23	21.40	17.52	17.31	23.05	24.33
安全状况	基本安全	安全	基本安全	基本安全	基本安全	基本安全	基本安全	基本安全	基本安全	基本安全	基本安全

图8-19 资产泡沫风险指数走势

4. 民间金融风险

民间金融风险指数及其构成见表8-9。2011～2021年温州市民间金融市

表8-9　　　　　　　　　　民间金融风险指数及其构成情况

指标	2011年	2012年	2013年	2014年	2015年	2016年	2017年	2018年	2019年	2020年	2021年
民间融资综合利率	25.44	21.33	19.91	19.68	18.65	15.98	15.27	15.29	15.5	15.05	14.51
民间融资占贷款增量比	42.13	42.96	44.34	43.52	43.88	42.11	40.69	42.43	43.19	42.24	41.65
民间借贷案标的额占比	75.31	47.80	32.75	21.16	21.24	30.98	44.41	53.11	55.29	35.15806	35.33618
民间借贷案件增长率	46.27	61.54	-14.46	-14.74	24.74	15.29	24.29	-9.50	-20.40	4.476609	-0.73471
民间借贷案标的额增速	108.76	90.99	-17.18	-13.94	0.32	4.48	5.40	-11.52	-5.79	-2.90726	-0.53023
民间借贷案件数占比	82.89	0.75	0.62	0.45	0.47	0.49	0.68	0.66	0.58	0.639842	0.706074
民间金融风险指数	59.67	46.38	13.48	11.81	21.65	21.08	24.70	17.35	16.55	18.44	17.56
风险状况	较大风险	较大风险	基本安全	基本安全	基本安全	基本安全	基本安全	基本安全	基本安全	基本安全	基本安全

场的风险指数先升后降,其中2011~2012年处于较大风险状态,2013~2021年风险指数逐年下降处于基本安全状态。从图8-20民间金融风险指数走势看,2011~2012年温州市处于民间金融风险的高峰期,2011年综合风险指数高达59.67,2012年也超过风险警戒线达到46.38,均处于较大风险状态。原因是2011年民间融资综合利率高达25.44%,民间借贷案件与标的额各项指标高升,风险聚集于民间借贷领域。其中2012年非法集资类案件涉案人数和金额达到最高峰,非法集资案件和非法集资金额也达到高峰。2013年以后,民间借贷利率大幅下降,转贷资金发放减缓,风险呈下降趋势,这几年温州市金融市场都处于基本安全的区间内,但2015~2017年因民间借贷案件增加导致综合风险指数有所上升,说明温州市民间金融风险已经得到控制,但是同时也有小范围的波动及不稳定存在。

图8-20 民间金融风险指数走势

5. 货币政策风险

货币政策风险指数及其构成测度见表8-10,货币政策风险指数走势见图8-21。2011~2021年温州市整体货币政策风险呈相对平稳态势,除了2011年风险相对较高,处于基本安全状态外,其他年份均为安全状态。2011年M2增长率过快、贷款平均加权利率高企,政策波动过大导致消费和投资失衡,从而增加民间金融系统的风险。2016年和2020年货币政策风险指数有所上升,主要原因是M2增长率较快,关键是汇率波动所致,汇率的波动性偏大以及人民币升值的压力都从一定程度上威胁到了金融系统的稳定。

表 8 – 10　　　　　　　　货币政策风险指数及其构成情况

指标	2011年	2012年	2013年	2014年	2015年	2016年	2017年	2018年	2019年	2020年	2021年
M2 增长率	18.95	2.32	4.84	6.29	10.45	11.82	6.45	8.06	11.99	13.85	7.96
企业贷款加权平均利率	7.69	7.57	7.17	7.32	6.53	5.90	5.91	5.53	5.26	4.85	4.72
汇率	6.46	6.31	6.19	6.14	6.23	6.64	6.75	6.61	6.7	6.9	6.45
货币政策风险指数	10.02	5.98	6.35	6.75	7.38	7.51	6.27	6.43	7.26	7.55	5.97
安全状况	基本安全	安全	安全	安全	安全	安全	安全	安全	安全	安全	安全

图 8 – 21　货币政策风险指数走势

第九章

关于推进"温州指数"工作的思考和建议

温州民间融资综合利率指数（简称"温州指数"），自 2012 年 12 月开始发布，在改善和优化民间融资市场资源配置，推进民间融资"规范化""阳光化"方面发挥了积极的效用，其经验模式也在各地得到复制和推广，成为全国民间金融改革方面的特色品牌。但"温州指数"运行十多年来，也逐步暴露出一些局限性，特别是进入数字化发展新时代，数据资源的价值凸显，有必要对"温州指数"进行迭代升级。

第一节 "温州指数"运行现状、应用及局限性

一、"温州指数"的运行现状

"温州指数"主要包括"温州地区民间融资综合利率指数""中国民间融资综合利率指数"两类。其中"温州地区民间融资综合利率指数"是针对温州地区 420 个监测点的综合利率水平指标。并按发布的时间频率分为日指数、周指数和月度指数。"中国民间融资综合利率指数"是基于全国合作的 46 个城市约 300 个监测点的利率水平指标。除了一个综合指数外，还包括全国地

区性小额贷款公司利率指数、民间直接借贷利率指数两大类，目前按周发布。

二、"温州指数"的主要应用

一是积极为学术研究提供数据支撑。根据温州大学金融研究院统计，截至 2021 年底，国内外基于"温州指数"的公开发表研究论文共 66 篇，完成课题 4 个项目（其中国家社科重大项目 1 项），出版专著 2 部。

二是初步确立司法实践地位。2014 年 3 月温州市中级人民法院发布《关于贯彻实施〈温州市民间融资管理条例〉的纪要》，规定在民间借贷纠纷审理中，对争议各方利率约定不明、不合法或需要调整的，可以"温州指数"作为确定合理民间借贷利率的自由裁量参考依据。

三是助力地方金融信用体系建设。将"温州指数"的原始借贷数据应用于"温州金融大脑"和温州金融综合服务平台，纳入企业信用评价的范围。目前万得（Wind）数据库和香港环亚经济数据有限公司（CEIC）数据库都收录了"温州指数"的数据。

四是为利率市场化积累宝贵的经验。在当前金融利率市场化机制尚未完全形成，资金价格的传导机制存在一定滞后性的背景下，"温州指数"作为利率的一种表现形式，实际上已经在率先探索民间融资利率的市场化进程。

三、"温州指数"的局限性

一是市场主体的经营不善影响数据的稳定性。部分指数监测主体存在经营不可持续问题，除小额贷款公司总体经营比较正常外，其他几类主体都不同程度面临经营不可持续问题，给指数编制带来不利影响。二是数据采集的可持续性堪忧。温州市域外的指数监测主体，数据报送质量难以保障。由于行政管辖权问题，指数主管部门对市外的样本点难以进行约束管理，加之经费有限，也难以调动各主体报送的积极性。三是指数的初始设计存在结构性缺陷。作为金融数据，"温州指数"在数据采集上缺乏反映民间融资信用风险的指标，即借贷违约信息。这制约了指数在金融风险研判等方面的应用价值。同时，指数还存在融资用途分类不够合理、融资方的行业属性信息缺乏等问题。

第二节　"温州指数"迭代升级的具体内容

一、扩充指数覆盖面并调整指数监测主体

从浙江省省内来说，在现有省内5个合作城市的基础上，拓展到全省范围，实现全省监测全覆盖。从浙江省省外来说，在全国40多个合作城市的基础上，逐步推进长三角区域一体化中心城市的合作，以及国内民营经济发达、民间资本活跃的沿海发达地区的拓展。

二、构建指数系列和优化数据结构

在完善民间融资的资金用途或资金投向监测基础上，增加民间借贷违约信息统计，填补现有指数在信用风险数据方面的不足。并分别构建全省版指数及分地市指数，在将指数提升到全省级别的同时，加大各地市之间的横向互动，促进民间融资的合理流通。

三、构建指数的数字可视化界面，便利决策应用

数据信息的质量很大程度上依赖其表达方式。增加指数的数字可视化功能，让决策者可以更直观判断利率指数趋势，对比不同区域、不同融资主体指数的差异，更快发现问题，做出决策判断。

第三节　下一步建议

一、打造民间融资版的 LPR——民间融资市场报价利率

借鉴人民银行贷款市场报价利率（LPR）的价格形成机制，推出"民间融资市场报价利率"，并由地方金融监管部门按月定期对外发布，作为民间融资基准利率，逐步引导民间借贷参与者作为定价的参照。

二、将"温州指数"纳入中国人民银行总行数据库

作为国内目前唯一反映民间融资的利率指数，"温州指数"弥补了中国非正规金融市场数据缺失的问题，将指数纳入中国人民银行总行数据库，对于完善我国金融统计信息具有重要价值。

三、搭建面向全国的指数发布平台，提升指数社会影响力

与国内外知名研究机构或财经数据库合作，在温州设立"中国温州民间金融论坛"，定期开展围绕"温州指数"的相关学术研讨，彰显指数的数据资源价值。

四、推动"温州指数"在人民法院案件审理中自由裁量权的应用

温州市中级人民法院已经把"温州指数"作为确定合理民间借贷利率的自由裁量参考依据，但实际案件应用较少。指数升级后，覆盖面扩大到浙江省全省，可以通过省高级人民法院将该做法向全省推广，从而提升指数在民间借贷纠纷案件审理中的应用。

第十章

温州市小额贷款公司发展情况调查报告

　　小额贷款公司作为国际小额信贷（Microcredit）在中国的一种实践模式，经过十多年发展，据中国人民银行公布的数据显示，截至 2019 年 3 月末，全国已有小额贷款公司 7967 家，贷款余额 9272 亿元。据温州市小额贷款公司协会统计（后文所用温州市小额贷款公司数据均来自该协会），同期温州市共有小额贷款公司 44 家，贷款余额为 84 亿元。小额贷款公司作为非存款类放贷组织，是地方金融的重要组成部分，它以商业化经营实践普惠金融，在引导民间金融规范化、弥补多层次信贷市场结构缺陷方面发挥着积极作用。

第一节　温州市小额贷款公司行业发展状况及主要特征

　　温州的小额贷款公司始于 2008 年，2009~2014 年是行业发展最快时期，2014 年无论是注册资本、贷款余额、税收和净利润都是顶峰（见图 10-1）。2014 年后开始逆转，行业贷款规模下降，部分公司开始减少注册资本。截至 2018 年底，全行业注册资本减少到 79 亿元、贷款规模降到 80 亿元、净利润 1501 万元，分别是 2014 年的 72%、61%、1.64%，特别是净利润降幅达 98%（见图 10-2）。

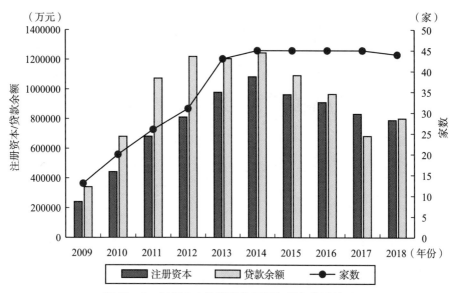

图 10 - 1　温州市小额贷款公司历年行业发展情况

资料来源：温州市小额贷款公司协会。

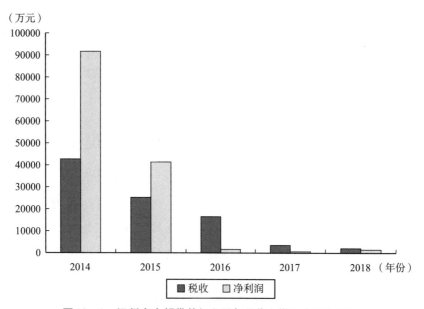

图 10 - 2　温州市小额贷款行业历年税收上缴和净利润状况

资料来源：温州市金融办。

与国内其他城市小额贷款行业比较来看，温州市小额贷款行业发展有以下四个特征：

第一，全部由民营资本投资，无国有资本和外商投资。温州市小额贷款公司全部是民营资本投资。重庆、深圳、上海、北京等城市有外资和国有资本投资的小额贷款公司。

第二，以涉农及小额贷款为主，涌现出一批优秀小额贷款公司。2009～2018 年温州市小额贷款公司种养殖业贷款及 100 万元以下的小额贷款平均占比为 64%，2009～2011 年一度占比高达 70%，此后有所下降，但仍在 50% 以上。从贷款额度看，笔均余额平均为 58.5 万元，并呈不断下降趋势，2018年笔均余额仅为 19 万元左右（见图 10－3）。这说明小额、分散的普惠金融经营理念正逐步得到小额贷款经营者的重视。

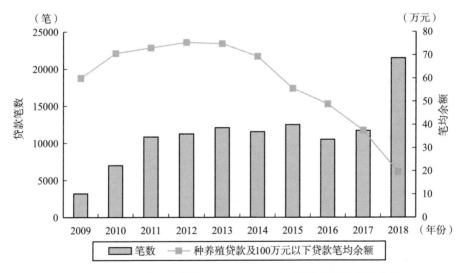

图 10－3　温州市小额贷款公司 100 万元以下贷款笔数及笔均余额

资料来源：中国人民银行温州市中心支行。

经过十年发展，温州市小额贷款行业已经涌现出一批坚守小额贷款主业、业务特色鲜明、公司治理有效的标杆小额贷款公司，例如：被中国小额贷款协会评为全国 26 个优秀小额贷款公司商业模式之一的华峰小额贷款公司；以"小额贷款产品＋金融科技"为特色的苍南联信小额贷款公司；以消费分期等业务为特色的亿兆小额贷款公司；立足海岛"渔业"特色，以小微贷款服务"渔农"的洞头诚意小额贷款公司；等等。

第三，贷款对象以个人为主，贷款利率高。个人贷款比重高是温州市小额贷款公司业务的一大特点。从 2016～2018 年"温州指数"小额贷款公司样本统计分析看（见图 10 - 4），小额贷款公司的个人融资额占到了 87.48%。从"温州指数"金额加权利率的时间走势图中（见图 10 - 5），可以看出小额贷款公司的利率水平明显高于社会直接借贷的利率。小额贷款公司客户都是被银行拒绝的小微企业和个体经营者，他们往往缺乏合格抵押品、财务信息不透明、抗风险能力弱。这些特征决定了其信用风险高，小额贷款公司必然要求较高的风险溢价。从图 10 - 6 可以看出，温州市小额贷款公司 2014～2018 年的贷款利率尽管有不断下降趋势，但仍在年化 12% 以上。

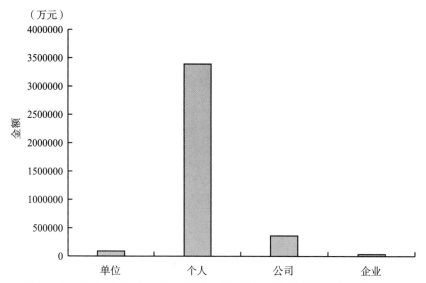

图 10 - 4　根据"温州指数"统计的小额贷款公司各类贷款对象融资额分布

注："公司"是指股份公司，"企业"是指非股份公司，"单位"指既不是公司也不是企业的其他经济主体。

资料来源："温州指数"数据来自温州市金融办。

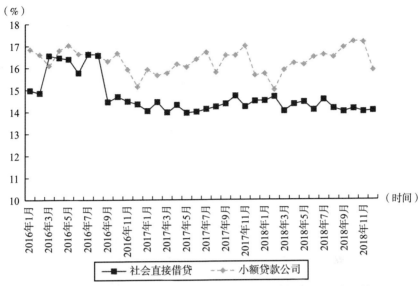

图 10 - 5 "温州指数"小额贷款公司与社会直接借贷利率比较

资料来源:"温州指数"数据来自温州市金融办。

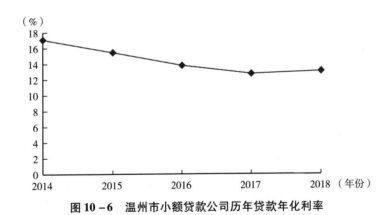

图 10 - 6 温州市小额贷款公司历年贷款年化利率

资料来源:温州市金融办。

第四,贷款用途以 6 个月内资金周转为主,主要采取保证贷款方式。以"温州指数"2016～2018 年样本数据分析,从融资总额看,小额贷款公司主要集中在 6 个月、3 个月、1 个月的短期融资(见图 10 - 7),其中,1 年期以下的小额贷款公司融资金额占比 61.08%,加权平均利率为 16.79%。1 年期及以上的社会直接融资金额占比 16.62%，小额贷款公司融资金额占比仅 11.44%。从融资用途看，小额贷款公司的融资用于资金周转占融资总额的 60.89%，社会直接借贷用于资金周转占融资总额的 14.07%。可见，向小额贷款公司的借款主要用于资金周转目的。这也说明小额贷款公司在解决小微企业周转性需求方面对民间直接借贷具有替代作用，发展小额贷款公司对解决小微企业融资难具有现实意义。从放款方式看（见图 10-8），小额贷款公司的保证放款

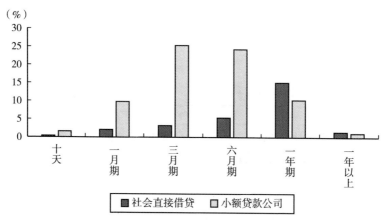

图 10-7　温州市小额贷款公司和社会直接借贷按期限分层的融资占比

资料来源："温州指数"数据来自温州市金融办。

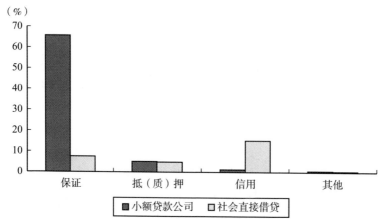

图 10-8　"温州指数"样本小额贷款公司和社会直接借贷的融资金融占比

资料来源："温州指数"数据来自温州市金融办。

金额占总放款金额的65.74%，抵（质）押金额占比为5.07%，信用放款金额占比仅为1.26%。以保证为主的放款方式，表明小额贷款公司客户缺乏合格抵（质）押品的事实。

第二节　温州市小额贷款公司经营中的突出问题

一、小额贷款投资者信心不足，出现行业性减资

自2014年以来，温州市一些小额贷款公司就已经向监管部门提出减少资本的要求。2015年全市小额贷款公司实际减少资本共13.08亿元，同比减少11.97%。此后每年以5%左右的速率减资，到2018年底行业注册资本减少为79.1亿元，比最高峰2014年的109.4亿元减少了30多亿元（见图10-9），减资幅度达28%。小额贷款公司作为民营非正规金融组织，资本增减是注重资本经营效率的体现，但也折射出股东对小额贷款行业回报的期望值与现实的巨大落差。

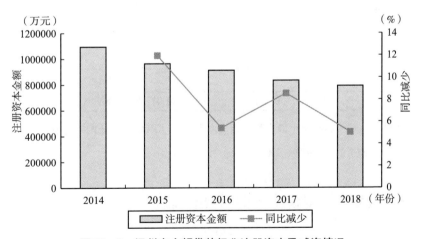

图10-9　温州市小额贷款行业注册资本及减资情况

资料来源：温州市小额贷款公司协会。

二、小额贷款公司资本回报率偏低，经营可持续堪忧

资本利润率（ROE）是衡量企业资本回报的综合性指标。从时间序列看，温州市小额贷款公司的盈利能力呈现先抑后扬再下滑的走势（见图10-10）。试点之初，全行业平均资本利润率为6.95%。从2010年开始逐步提升，2011年达到最高点12.21%。这一时期主要是小额贷款公司贷款规模增长较快，规模效益显现的结果。但从2012年开始下滑，特别是2013年比2012年下降明显，2015年资本利润率仅为3.81%。这一时期小额贷款行业盈利状况发生逆转，除了受温州区域"金融风波"影响外，随着经济下行，小额贷款公司不良贷款迅速攀升是关键。到2016年后，行业资本利润率已低于0.2%，主要是小额贷款公司普遍收缩业务，以消化不良贷款为主。

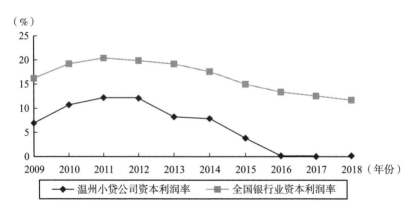

图10-10　温州市小额贷款公司资本利润率（ROE）与全国银行业比较

资料来源：根据温州市金融办及中国银监会网站相关数据计算得出。

三、问题小额贷款公司难以退出，股东减资存在障碍

温州市目前问题小额贷款公司情况分为两类。第一类是小额贷款公司事实上早已停业，但无法注销退出。其中一些问题小额贷款公司主动申请退出，

但由于部分股权被冻结或质押无法直接办理注销手续，要通过法院走破产程序，但法院认为小额贷款公司具有准金融牌照性质，对这类小额贷款公司破产持慎重态度，搁置不判。同时，市场监管部门对股权被冻结有争议的公司，一律不予办理增减资及股东变更手续。另外，有一些小额贷款公司因经营不善已经长期停业或处于只收不贷的状态，还有一些大股东对小额贷款公司缺乏信心，想放弃小额贷款公司，但可能基于小额贷款牌照性质考虑，没有主动退出意愿。监管部门对这类机构也没有要求强制退出，而成为"僵尸"小额贷款公司。第二类是问题小额贷款公司减少注册资本或部分股权转让存在障碍。问题小额贷款公司因存在股权被冻结或质押情况，目前对于这部分股份是同比例减资还是部分减资，被质押人是否还有对股份的收益权、表决权或处置权，法律未明确，监管部门意见不一致，导致减资无法实现。另外，对于这类股权的转让，由于缺乏市场定价，加之股权转让可能存在逃废债的嫌疑，故监管部门都不予办理。

对于上述已经停业的问题小额贷款，由于法院和监管部门的种种顾虑，一直未能注销或者减资，导致一批"僵尸"小额贷款公司无法退出市场，既拖累了行业绩效，影响了小额贷款行业声誉，也不利于资源的有效配置。

四、部分小额贷款公司治理机制不健全，拖累小额贷款业绩

良好的公司治理机制对小额贷款公司的可持续发展至关重要。调研表明，凡是出现问题的小额贷款公司都存在突出的公司治理问题。主要表现为：第一，大股东干预小额贷款经营，形成大量关联贷款或挪用公司资金，导致小额贷款公司风险。第二，小额贷款公司发起人经营陷入法律纠纷，主要股东的股份被法院冻结拖累小额贷款经营。第三，小额贷款公司内部管理不善导致的问题。例如，有的小额贷款公司内部控制失效，主管业务经理与外部借款人串通，违规发放贷款，导致大额坏账。

五、缺乏可持续支持政策，小额贷款监管创新不足

温州市小额贷款公司协会的数据显示，温州市小额贷款行业最高峰时有130多亿元的年贷款余额，自试点以来贷款累计发放达2702亿元、缴纳税金28亿元。仅以2018年末的贷款余额比较，温州市小额贷款行业80亿元的贷款余额超过全市31家银行业机构其中的12家。这些业务数据已经充分说明其纾解小微企业、"三农"和个体工商户融资难的贡献。温州市小额贷款公司无疑是支农支小、服务民营经济，打通普惠金融"最后一公里"的生力军，是温州市多层次信贷市场不可或缺的组成部分。

但是，目前对小额贷款行业缺乏可持续性的支持政策。主要表现为对符合支农支小条件的小额贷款公司上交所得税的地方留成部分全额补助政策，在执行满三年后没有连续性。目前小额贷款公司无其他财政支持政策，所得税留成全额补助对于当前正处困难时期的小额贷款公司来说无疑能起到重要的支持作用。此外，在调研中了解到，监管部门对小额贷款公司的监管过细，如新业务开办审批要求严。特别是在促进小额贷款行业发展的制度供给上缺乏创新性、主动性，例如，在"僵尸"小额贷款公司的市场退出上，监管部门不敢担责，不敢拍板，使许多事实上停业的"僵尸"小额贷款公司无法退出。

第三节　促进温州市小额贷款公司可持续发展的对策和建议

一、监管要重视完善公司治理机制及内部控制

问题小额贷款公司普遍存在的公司治理机制问题，监管部门要予以重视。一是要加大高管培训力度，提升管理者素质；二是要严格监管小额贷款公司股东关联贷款问题；三是对股东干预公司经营问题，必要情况下要进行约谈，

督促其改进治理机制。完善公司治理机制的核心是促进小额贷款公司真正落实董事会、监事会、经理等利益相关者之间的相互制衡关系建立。此外，还要强化小额贷款公司内部控制，杜绝业务中的道德风险和操作风险。

二、清理"僵尸"小额贷款公司，通过并购盘活小额贷款牌照资源

针对当前"僵尸"小额贷款无法退出的状况，地方金融监管部门要敢于担当，有所为。尽快研究制定"僵尸"小额贷款公司市场退出制度，不能让"僵尸"机构浪费有限的小额贷款牌照资源。从国际经验看，并购方式是企业平稳退出市场的主要做法。并购的好处是既能维护行业稳定，也有利于降低公司退出市场的社会成本。温州市问题小额贷款公司市场退出方式除了小额贷款公司试点办法规定的解散和破产外，还可以通过收购、兼并等重组方式。要采取分类处置的原则：一是对违法违规的小额贷款公司，依法采取关闭、行政撤销的处理方式；二是对因自身经营管理问题，例如，小额贷款公司股权被冻结或质押申请破产的公司，地方监管部门要拿出意见，协调法院，予以办理破产；三是对长期停业但小额贷款公司股东不愿意主动退出的状况，监管部门要制定政策，鼓励通过并购重组，实现良性退出。

在小额贷款行业市场出清后，建议监管部门可新批几家大股东实力雄厚且认同小额信贷经营理念的小额贷款公司，为小额贷款市场注入活力，发挥示范引领作用。

三、完善小额贷款信息披露制度，建立大数据风险预警系统

健全的小额贷款公司信息披露制度有利于及时发展问题，尽快采取措施。目前许多小额贷款公司资金来源多为中小企业、自然人，对公司经营管理直接监督成本很高，也缺乏专业知识。因此，有必要在监管部门主导下建立小额贷款公司信息公开披露制度，充分发挥社会监督作用。在此基础上，进一

步应用大数据技术，建立行业风险预警系统，这也是构建地方金融风险防范体系的重要组成部分。

四、继续实施小额贷款扶持政策，以监管创新激发小额贷款活力

面对市场环境差，小额贷款公司总体资本回报率低的困境，建议对前几年已经实施过的小额贷款所得税地方留成部分的全额补助政策，建议继续执行 3 年，帮助小额贷款行业渡过难关。该政策在 2011 年浙江省政府办公厅下发的文件《关于深入推进小额贷款公司改革发展的若干意见》中提到："对经营业绩优良的小额贷款公司，其营业税和所得税地方留成部分，原定 3 年由同级财政全额补助政策执行期满后，有条件的县（市、区）可顺延 3 年执行文件规定的所得税地方留成部分全额给予补助政策。"此外，在"最多跑一次"改革背景下，建议监管部门出台小额贷款公司业务监管负面清单制，并简化创新业务审批流程，给小额贷款公司更多业务自主权。

五、小额贷款公司要坚定信心，通过精准定位和业务创新赢得市场

作为我国普惠金融的模式之一，多层次信贷市场的底层组成部分，小额贷款行业具有良好发展前景和巨大市场空间。一是小额贷款公司管理者要认清大势，坚定市场信心；二是要认同普惠金融理念，遵循小额信贷规律，找准自身市场定位；三是要用金融科技手段改造、提升传统小额贷款产品，再造小额贷款业务流程，以更高效、便捷方式满足客户需求。

第十一章

厚植金融沃土、助力"地瓜经济"提能升级

2023 年初，浙江省提出实施"地瓜经济"提能升级"一号开放工程"，吹响各地深耕"地瓜经济"号角。对于侨乡温州而言，"侨"是当地发展"地瓜经济"不可或缺的力量。当前，近 70 万温州人走出温州，又在乡情的牵引下回归温州，演绎生生不息的"地瓜经济"。华侨基因根植于温州经济金融，华商华侨是"地瓜"的藤蔓，也是促进温州地方经济发展的重要且独特的资源。如何进一步打造华侨金融，深化温州经济金融和华商华侨联动发展，推动"地瓜经济"提能升级，意义重大、责任重大。

第一节　聚力金融双向融合　赋能华侨华商互联互通

温州作为著名的侨乡，全市有 68.8 万人在世界 131 个国家和地区创业，拥有 350 多个国外侨商社团组织，形成了覆盖全球的信息网、资金网、供销网、商会网和乡情网，存在巨大的引资潜力。完善中国（温州）华商华侨综合发展先行区落地细则，形成华商华侨金融支持体系，纾解华商华侨在金融领域存在的难点、堵点问题，充分发挥侨资侨智资源优势，推动华商华侨深度融入国内大循环，以"侨"为"桥"畅通内外双循环，强化华商华侨与温州经济的互动融合，对于加快推进温州高质量发展具有重要意义。

一、现状与问题

（一）侨资汇入逐年走低

华侨资金回流到国内主要通过境外银行、境外汇款公司及现金携带等方式。近年来，侨资入境金额逐年递减，原因如下：一是"灰色收入"问题。部分侨资有涉税风险，难以通过正式途径入境。其中，境外汇款难主要是由于纳税和汇款手续费高。而现钞携带入境难则主要由于境内外海关严查。二是代际传承问题。随着华侨世代更迭，华侨与温州的亲缘情感联系也日益淡漠，使其资金入境意愿降低。三是新冠疫情影响。国外防控新冠疫情较为不力，华商华侨在当地收入下降，影响了侨资汇入，有的甚至还需向境外汇出侨资以支援海外业务发展。四是汇入便利化问题。境外税收证明等单证是银行办理超过年度便利化额度审核要点。但侨资大多无法出具收入证明或无法提供纳税凭证，导致个人大额外币结汇难，制约了大额侨汇流入。五是业务归属地问题。温籍华商华侨很多业务并不在温州，导致侨资更愿意汇入到义乌等业务实际发生地。

（二）侨资利用率不高

调研显示，华商华侨将外汇资金结汇后主要用于家庭生活消费和购买自住房产，仅有少数投资境内产业。原因如下：一是资金供需结构脱节。由于缺乏好的产业信息平台、项目宣传不到位等原因，导致侨资与项目无法精准对接。二是缺乏高质量的资金服务平台。对于金额较小且分散的个人侨资和大中型华侨企业，均缺乏有效途径和专业财富服务平台来对接，无法有效实现境内外资金、资产、资本高效利用和环流。三是投资偏好不符合新发展格局。温州华商华侨在境内外大多从事或投资于餐饮住宿、房地产和服贸日用类等传统行业。这些既不属于"补短型投资"，也不属于"升级型投资"，都无法扩大有效投资，促进温州经济高质量发展。

（三）境内资金带动效应不足

鉴于华商华侨多偏好投资于风险可控的成长期高科技企业。种子期和导入期高新科技企业的资金需求更依赖于温州财政和创投资源。但目前两者均较难满足初创期高新科技企业，导致境内投资资金带动效应不足，无法撬动后续华商华侨资本。同时，本土高质量项目培育不足拉低了温州产业整体形象，引起华商华侨对温州经济高质量发展环境和态势的疑虑，影响投资积极性。

（四）金融生态环境有待优化

一是金融服务华商华侨的宣传力度有待加强。以个人外汇贷款业务为例，华商华侨更倾向于手续简便、规模充足且利率与个人外汇贷款相当的人民币贷款。银行对个人外汇贷款政策宣传力度有限，制约了金融服务华商华侨效果。二是金融服务华商华侨的水平有待提升。目前温州相关行业暂未针对华侨出台优惠及投资便利化政策。在结售汇方面，部分华商华侨由于长期旅居国外，对国内有关政策不了解导致购汇时出现一些违规行为，而被纳入个人外汇业务负面清单。三是创投等金融人才相对短缺。对比上海、杭州、宁波等地，温州创投人才匮乏，制约了温州高科技产业发展。

（五）营商环境有待改善

调研显示，温州营商环境存在较多不足已成为华商华侨在温州投资的最大障碍。因此本地对于项目对接、产业政策和创业扶持基金的支持和宣传力度需要加强。一是政策及宣传问题。温州对华商华侨相关政策支持力度不足，出口退税进度、补贴到位方面与深圳、上海都有一定差距，对华商缺乏吸引力，且宣传怠惰导致华侨华商对温州市场不熟悉、缺乏信息。二是效率问题。温州基层执行程序相对复杂，资金被冻结审查较多，效率较低。三是人才问题。温州本土人才培养与产业发展适配度不高，对高端人才引进的相关优惠政策力度不够。城市产业平台、生活环境和生活成本等因素制约了华商华侨高端技术人才回归意愿。

二、对策建议

（一）提升跨境收支便利化，纾解侨资进出难题

1. 开展侨汇结汇便利化试点，加大便利化政策宣传

以限定区域、确定主体、分类处置、联合监管的方式实施侨汇结汇便利化，华侨、侨眷等特定主体可凭侨办侨联出具的证明及个人真实性承诺书办理不占便利化额度的结汇，改善侨汇回流环境。对于海外华侨侨眷在同一银行办理结汇，银行在确认款项真实合法的情况下，可根据首次办理情况，免于审核重复性材料，且不占用年度便利化结汇额度。同时，利用微信、直播平台、窗口服务等多种方式强化下沉宣传，各部门联合面向华商华侨群体提供精准特色宣讲服务，促进便利化政策传导覆盖，督导疏通政策梗阻。

2. 加速推动数字技术在跨境收支领域的应用试点

当前全国多地积极将数字技术应用于线上办理购汇、结汇审核凭证等领域，节省市场主体"脚底成本"。温州辖内银行等金融机构应充分应用数字技术、数字经济，开通人才薪酬线上购付汇等渠道，加强银企直连、银侨直连，市侨办等部门还可完善华商华侨单证共享平台，畅通华商华侨资源要素双向快捷流动。

3. 推进数字人民币试点工作，创新服务华商华侨的应用场景

第一，服务"侨品牌"，突出"侨乡"特色，拓展数字人民币新消费场景。例如，在文成县"侨家乐"品牌民宿、华商华侨归温养老服务中推广数字人民币，培养华商华侨的数字人民币使用习惯。第二，服务数字经济，鼓励温州跨境电商企业应用数字人民币结算，创新商业模式，提升华商华侨支付便利度，助推国内国际双循环。第三，启动数字人民币港口建设，温州港口物流网现有支付平台增加数字人民币支付结算通道，服务大厅增设数字人民币专用 POS 机、扫码等方式，提升华商华侨通关效率。

（二）开通侨资投资渠道，引金融活水助温州建设

1. 开放政府引导基金子基金份额，撬动境内侨汇资金

鼓励侨汇资金参与瓯海区政府产业引导基金和市科技创新创业投资基金等投资，充分发挥财政资金的撬动引领作用。该模式下，华侨资本充当有限合伙人，只出资不参与经营管理，承担有限责任，风险可控，可重点投资文化和科创领域，文化项目主要针对华侨文化遗产保护和华侨文化交流平台建设，加强华侨华商和温州的联系，提升"侨后代"回温投资创业热情；科创类项目可重点扶持处于成长期的拟上市公司，加快推动优质科创企业和"专精特新"企业上市，形成良性循环、吸引后续侨资跟进。

2. 推进 QFLP 政策实施，便利境外侨资参与温州建设

QFLP 试点允许境内基金管理企业直接管理境外资金，能够有效带动华商华侨资金投资温州资本市场。各部门应给予企业简化审批流程、先行先试、全流程的支持，例如：纳入减税、资本项目收支便利化等相关配套优惠政策；推进 QFLP 试点机构开展境内非上市公司股权、上市公司定向增发和夹层基金、创业投资基金等多样化投资。通过 QFLP 模式引导优质华商华侨资本，重点是资金实力较为雄厚的大型华侨企业，投资支持温州战略性新兴产业发展。

3. 开展 QDLP 试点，支持股权基金跨境投资

为温州境内资本"走出去"与国外优质项目建立联系，市金融办、商务、外管等部门可组成 QDLP 工作专班，争取 QDLP 试点，借鉴海南等地优化政策，例如降低试点基金管理企业注册资本的门槛至等值人民币 500 万元；拓宽投向，让 QDLP 基金可以涉足境外二级市场、一级市场股权投资并购等投资品种，尤其是对接大型跨境企业，投向海外华商华侨优质产业项目；对外投资额度实行灵活的余额管理等。

（三）对接项目融入双循环，强化多层次金融服务保障

1. 搭建头部温商华商对接平台，强化优质资源宣传推介

第一，成立温商金融服务委员会，搭建名企－华商交流对接平台，为头

部温商和华商提供金融顾问服务和专业金融支持，整合金融服务资源，服务温商转型升级和创新发展。第二，建议在滨江 CBD、七都岛、三垟湿地等地设立华商华侨基地、产业园、集聚区等，建设吸引大中型华侨企业入驻温州的华侨总部大楼，培育楼宇经济新业态，打造高端要素集聚示范区与华侨经济发展新高地，树立服务全球华商华侨、搭建跨境投融资与项目对接平台的特色旗帜。

2. 引入与培育多元金融主体，打造立体式华侨金融服务商

第一，吸引私募基金公司入驻。引导私募基金公司着重吸引境外资金尤其是华商华侨的资金回流，逐步形成具有一定规模和数量的、专注股权投资和创业投资的华商华侨股权投资基金群。第二，吸引、培育创投机构。打造温州创投机构集聚区，加快聚集优秀创投资源，营造良好的创业投资氛围。第三，组建以侨资为主导的银行、保险以及证券机构等持牌金融机构，争取设立服务华侨华商的金融专营机构。

3. 探索本外币合一账户试点，深化金融便利性

鼓励内资银行积极为华侨客户提供专项金融支持。推动温州地区银行为实施本外币合一账户做好准备，加强对本外币合一账户试点的沟通和学习。以人民币银行结算账户为基础整合外币账户，构建本外币合一银行结算账户体系，商业银行可进一步优化"存、贷、汇、兑、池"全场景金融服务，为华侨华商提供更多直达温州实体经济、支持企业发展的金融产品。

第二节　引入 QFLP 政策试点、加速华侨华商资本回归

许多海外温籍华侨华商渴望资金回归，投资家乡，却遇到结汇难、投资难、监管难等问题。引入 QFLP 政策可有效破解难题，打造华侨华商综合发展先行区和金融综合改革实验区新亮点。

一、现状与问题

（一）QFLP 有利于海外华侨华商资本境内投资

对于海外温籍华商华侨而言，QFLP 能够协助其海外资金直达温州。一是结汇更便捷。QFLP 制度主要的政策优势在于外汇资金可在外资私募基金层面结汇为人民币，并以人民币对外进行股权投资，因此在结汇层面相比于其他外商投资企业有一定优势。二是投资更聚焦。相较于一般的外商直接投资模式，QFLP 能够更加高效地吸收境外分散资金并集中应用，体现了更强的投资属性。三是监管更有力。QFLP 无论是否寻找到具体的境内再投资项目，均可在设立 FDI（国际直接投资）企业后直接汇入资本金。因此，在外汇管理方面，现有 QFLP 企业较普通 FDI 企业更有政策优势，利于深入落实"宽进严管"。

（二）QFLP 在国内已有十年试点经验并取得较好效果

当前，国内共有北京、深圳、上海、广州、海南、珠海、天津、福建平潭综合实验区、贵州贵阳综合保税区、青岛、厦门、苏州工业园区、河北雄安新区、广西自贸区南宁片区等十四个城市（区）开展了 QFLP 试点，经历了三个阶段。

1. 启动期（2011～2016 年）

2011 年 1 月，上海最先启动 QFLP 政策试点，有力推动了上海外商投资股权投资类企业落地工作，当前上海还在实践中并不断完善 QFLP 政策设计。

2. 发展期（2017～2019 年）

2017 年 9 月，深圳前海深港现代服务业合作区启动 QFLP 试点，通过优惠审核流程，首次将投资者范围扩大到个人。2018 年 3 月，福建平潭综合实验区尝试 QFLP 政策，吸"金"显成效，助力平潭增强多个产业的"造血"功能。

3. 深化期（2020 年至今）

2020 年是我国 QFLP"风口年"，各地政策更加灵活多样。2020 年 7 月，苏州工业园区 QFLP 试点正式启动，苏州东沙湖基金小镇被认定为"省级创业投资集聚发展示范区"。2020 年 10 月，海南省出台"史上最宽松"QFLP暂行办法，具有登记注册简便高效，准入门槛全国最低，内资外资一视同仁，优惠政策力度大等特点。

（三）温州开展 QFLP 政策试点具备"天时地利人和"

温州申请开展 QFLP 政策试点，有华侨华商综合发展先行区的"天时"，又有金融综合改革试验区和综合保税区等"地利"，更有近 70 万海外华侨华商的"人和"。当前全球市场对中国给予极大关注和认可，国家正在加大QFLP 政策扶持力度和优惠条件，2020 年 12 月 31 日，浙江省首笔 QFLP（即合格境外有限合伙人）落地自贸试验区宁波片区，这是浙江首次接受境外战略性资本；4 月 20 日，省政府发文批复同意嘉善县开展 QFLP 试点。海外温商对于资金回归的需求十分强烈，温州应把握机遇，乘势而上，主动作为，将定制化的 QFLP 办法作为温州构建新发展格局，深化改革开放的一项重要制度创新，进而推动贸易投资的自由化和便利化，将温州打造成吸引海外资金回流和投资的热土。

二、对策建议

（一）成立 QFLP 试点运作专班，精简审批流程

借鉴上海在市级层面成立外商投资股权投资企业试点工作联席会议作为议事协调机制，联席会议办公室设在市金融办的做法，建议温州成立外商投资股权投资企业试点工作专班（以下简称专班），由市政府相关分管领导召集，成员单位包括市金融办、市商务局、市市场监管局、市发展改革委等相关职能部门。其中，专班负责组织有关部门制定和落实各项政策措施，推进

温州 QFLP 企业相关试点工作，协调解决试点过程中的有关问题。此外，参照广州、海南免去 QFLP 试点资格认定行政审批环节的做法，温州可考虑同样免去资格认定的行政审批环节，由专班出具关于试点资格及募集境外资金规模的备案文件，即可办理企业注册登记、外商投资备案及入驻等手续。

（二）设定 QFLP 试点落地园区，明确鼓励投向

在条件相对成熟的园区设立 QFLP 试点，鼓励并支持其进行尝试与探索，待模式成熟后再进行全域推广。比如，建议将温州 QFLP 试点设在中国（温州）华商华侨综合发展先行区，将 QFLP 企业主要落地于先行区，可投资产业类型涵盖现代服务业、高新技术产业等。此外，各试点地 QFLP 政策与国家政策层面大方向一致，大多鼓励 QFLP 投向战略性新兴产业，即知识技术密集、物质资源消耗少、成长潜力大、综合效益好的产业。建议鼓励温州 QFLP 以 "5 + 5" 产业为导向，直接投资于实业。

（三）设立初期门槛，完善风险防范机制

在设立 QFLP 企业的初期，建议对 QFLP 基金注册资本、出资方式、出资金额及其境内外投资者设置一定门槛，可以参照与先行区环境较为相似的苏州工业园区 QFLP 试点办法进行设计，后续可逐渐放宽准入条件。建立并完善相关监管制度，规范 QFLP 企业登记及经营行为。完善风险预警监测、化解处置工作机制，利用监管科技手段，做好对于外商投资股权投资类企业风险防控。

（四）落实扶持政策，优化营商环境

进一步推进外汇资本项目收入支付审核便利化，可参考福建平潭外汇局的做法，试点企业到资后，积极引导业务经办银行对 QFLP 企业实施资本项目便利化政策；允许企业可先行支付，无需事前逐笔提交结汇资金使用真实性证明材料，办理便利化境内划转支付等。此外，建议强化对股权投资管理人才的引进与培育，比如股权投资管理人才可按相关规定申请认定温州高层次人才，从而吸引专业人才在温州集聚发展。

第十二章
注入金融活水　竞速高质量发展新赛道

　　党的二十大报告指出："高质量发展是全面建设社会主义现代化国家的首要任务"，并强调"坚持把发展经济的着力点放在实体经济上"，科学指明了经济金融工作的方向。金融是现代经济的核心、实体经济的血脉，金融聚焦实体、服务实体、发展实体，提升实体经济高质量发展质效成为中国式现代化的强劲支撑。本书深刻认识和把握金融发展新形势新要求，从农村金融、国有资本、金融集聚等视角开展研究，探索中国式现代化金融建设的地方实践，识变应变求变，坚定金融创新，坚守金融本源，形成以地方金融支持高质量发展为主题的系列研究报告。

第一节　高质量发展是农村金融创造蝶变的发展

　　城乡差距是共同富裕建设中必须解决的难点，2022 年《关于金融支持浙江高质量发展建设共同富裕示范区的意见》中明确提出"深化农村金融改革，助力城乡区域协调发展"。中国人民银行温州市中心支行调研数据显示，截至 2022 年 8 月末，温州市涉农贷款余额 8202.2 亿元，同比增幅 18%，高于全市各项贷款增速近 2 个百分点；村级金融服务覆盖面排名全省第一，农村中小金融机构不良贷款率全省最低，农村金融支持共同富裕的"温州模

式"初步形成，诸如"商业银行强化农村金融支持""农村产权交易激活
'沉睡资源'""'三农'保险助力农业生产"等一批可复制可推广的经验做
法，精准赋能，灵敏策应，助推乡村振兴蝶变。但调研发现，温州市农村金
融仍存在难点堵点亟待破解。

一、现状与问题

（一）农村产权问题复杂

碍于历史原因，产权交易难以得到确权，改革推进存有困难。一是相关
问题多且杂。主要表现在类别多、历史遗留问题多和权属关系复杂等。如确
权问题，涉及跨村跨县等处理难度更大，加之专业技术人才不足，制约了农
村资产入市交易。二是交易成本高且市场化激励不足。如瓯海农村产权交易
中心通过供销社系统开展工作，偏公益性质且自负盈亏，部分业务回报率低。
三是全市缺乏统一交易市场。虽然温州市已设立市级农村产权服务中心、7
个各县市分中心和108个乡镇街道服务站，形成三级联动，但各级农村产权
交易机构仍无法实现高效的互联互通。

（二）农村金融供给效率有待优化

当前，温州市部分家庭农场、农民专业合作社等新型农业经营主体起
步较晚、规模偏小、经营实力偏弱，且生产设施、设备多为农业生产专用
型，不能抵押或可抵押贷款额度有限，变现能力较差，导致涉农金融产品
风险较高，金融机构供给动力不足。例如，金融机构对农业经营主体贷款
存在期限短、品种少、额度低等问题；农业保险则是覆盖率低、承保险种
少、限制条件多。

（三）金融服务配套政策有待完善

近年来，温州市已出台建立财政贴息和财政扶贫资金由直补转为贷款贴

息等金融政策，但有关配套服务仍需加强。一是风险分担机制不完善。主要是农业保险供给总量偏少、农业规模化经营风险保障机制不健全和农业风险转移和保障能力欠佳等问题。二是配套中介服务待完善。表现在农村土地、财产流转所需评估、登记等配套中介服务不足。例如，温州市出台的《温州市农村产权交易管理暂行办法》，涉及的农村产权交易行为要求在温州市农村产权服务中心办理，但瓯海区、龙湾区等距离市交易中心较远，存在资金沉淀、借款慢等问题，影响农村资产入市交易效率。

（四）农村金融生态环境有待改善

温州市涉农金融机构通过线上与线下、活动宣教相结合等方式开展常态化金融服务活动，当前金融生态仍有以下进步空间。一是农民数字金融素养亟待提升。金融机构已实现客户精准服务，但因城乡"数字鸿沟"等因素，农民数字金融使用意识不强，制约农村数字普惠金融发展。二是农村信用环境有待改善。截至 2022 年 5 月，全市涉农金融机构累计为 6013 家新型农业经营主体建立数字信用档案，为 4458 家新型农业经营主体开展信用评价，但据调研主体预测，仍存在三成左右主体授信未覆盖。[1]

二、对策建议

（一）打造全市统一农村产权交易样板

1. 探索"1＋N"交易模式

整合现有农村产权交易平台，探索 1 个温州市农村产权服务中心链接县（区）N 个节点模式，加强平台互鉴。例如，确权问题可推广瓯海农村产权服务中心处理经验（对村可经营性资产真正权属不做准确定义，而是将重心放在备案和形式审查上以保证程序合法合规，避免争议同时盘活农

---

[1] 中国人民银行温州市分行。

村闲置资产）。

2. 加快多功能交易平台建设

推动集交易、鉴证、贷款于一体的社会化服务平台建设，加强与基层农村信用社合作，共同为农产品加工企业和个人办理土地承包经营权抵押贷款业务，解决融资难、融资贵等问题。

3. 推动村级资源资产入市交易

全面梳理和探索村级闲置资产盘活利用的有效途径，创新交易市场与金融部门合作模式，并完善农村产权抵押、担保等配套服务，有效激活农村资产。

4. 提供财政等要素保障

安排专项资金支持市场建设，如对农村产权流转交易的手续费、鉴证费等费用给予补助，对公益性交易项目通过政府购买服务解决交易成本高、回报低问题。

（二）创新农业保险服务，加大服务"三农"力度

推动农业保险创新实践，精准对接"三农"避险、融资需求。一是强化科技赋能，提高农业保险效率。加快保险公司在种植险领域应用以卫星遥感、无人机和手持移动终端共同组成的"天空地"三位一体农业保险科技，实现快速查勘和识别大面积灾害损失。二是加快区域特色农业保险全覆盖。创新农险产品，引导保险公司推出区域产量保险、收入保险等险种，优化农险产品供给结构。三是创新"农险+"金融服务模式。探索"农险+信贷"，保险公司与银行合作，利用大数据模型测算实现对农户的贷款授信，农户可线上自主进行贷款及提额申请。探索"保险+期货"，保险公司与期货公司合作，用市场化手段补偿农户因价格波动所导致的收入损失。探索"溯源+保险"，保险公司利用农产品智慧质量溯源平台，为温州市特色农产品提供覆盖全产业链的农业信息管理和风险保障，提升农产品附加值和竞争力。探索"党建+保险"，保险公司以党建引领服务、赋能发展，例如，为农户提供意外伤害和疾病风险保障，解决农村因病致贫、因灾返贫现象。四是建立温州

市农险综合信息平台。打造承保理赔信息线上采集、各级财政补贴线上申请审批等功能的信息平台，并强化农险数据动态调取与数据应用分析，提升"三农"服务效能。

（三）加快信贷产品和服务创新，提高金融资源配置效率

支持新型信用类金融支农产品和服务的开发与推广，推动农村金融服务高质量发展。一是打造"信用＋金融"支持乡村振兴的"温州路径"。例如，引导涉农金融机构纵深推进党建引领信用村建设，为各类农业经营主体建档评级。加强"信用＋"结果应用，在额度、利率、授信方式等方面，提供差异化优惠授信服务。结合信用村产业特色，推出特色农业贷，拓宽信贷品种，扩大信贷投放。二是加快推广"政银担"模式。"政银担"是一种金融支农合作模式，具有免抵押、简手续、免担保费等特点。2021 年在文成县试点以来，已有 300 多户农民共获贷款 8000 多万元，试点效果良好。三是创新春耕备耕贷款方式。针对春耕备耕农时短、资金需求急等特点，鼓励金融机构围绕温州市现代农业重点产业链，创新订单、仓单、存货、应收账款等供应链金融信贷产品。

（四）优化农村金融生态环境，强化农村金融风险防控

良好的金融生态环境是金融助力乡村振兴的重要基础。一是提升农民数字金融素养。政府鼓励涉农金融机构整理数字金融相关信息，以符合农民认知能力的方式呈现。例如，短视频等形式，也可以开发温州市金融支农 App 并发布相关信息。二是加快建设共享信息库。可以党建引领信用村建设，从上至下建立乡村振兴合作框架，细化信贷支持和数据共享等方面的措施，共享涉农主体生产经营数据。三是加大农村金融风险防控力度。以共享信息库为基础，相关金融机构应动态监测农业经营主体信用变动，及时识别、防范化解风险；监管部门针对涉农金融服务创新应提高风险意识，加强监管协同配合，深化大数据监管创新，有效解决涉农金融业态迅猛发展与金融监管力量相对滞后的问题。

第二节　高质量发展是国有资本做强做优的发展

截至 2022 年 6 月底，温州市 10 家市属国企的资产总额 3279. 20 亿元，本年累计营收 179. 77 亿元，利润总额 − 3. 31 亿元，离"十四五"规划目标（总资产达到 5000 亿元，营收达到 400 亿元，利润总额达到 20 亿元）有较大进步空间。

一、现状与问题

（一）国有资本布局结构欠优

市属国企主业集中于基础设施建设、铁路交通、公用事业等传统产业领域，盈利能力偏弱。千亿级资产规模国企当前仅有城发集团 1 家，距离"十四五"目标 3 家的差距较大。其中，体量较大的国企存在资产"虚胖"问题，例如，低效无效或公益性资产占比过高，部分土地账面价值虚高。应引入外部资本参与温州市国企混改，增强业务协同扩大规模体量的同时，释放国企存量资源用以延伸传统主业链条。

（二）国企引领带动区域经济高质量发展能力不强

国企主业与区域产业规划发展脱节，且竞争类资产占比偏低。除交运集团、工业与能源集团投资新能源产业之外，市属国企在新兴产业上培育新主业的进展缓慢。10 家市属国企的功能类资产占比 77. 97%、公共服务类资产占比 6. 27%、竞争类资产占比 15. 76%，做大竞争类资产规模的现实需求强烈。结合其他省市国企的新主业培育经验，产业基金是有效工具。截至目前，市、县两级政府参股或主导设立政府产业基金 13 支（参股 2 支、主导 11 支），绝大多数为财政出资。温州市国企在产业基金领域布局空白，应连同现有财政出资产业基金，完善国资产业基金体系。

（三）全盘统筹能力不足

温州市现有上市国企 1 家，距离"十四五"目标 5 家以上的差距较大。总体上，温州市国有资本投资运营公司、国有金融资本管理公司（简称两大平台）通过控股或参股方式持有银行、保险、地方不良资产管理、融资担保、地方产权交易中心等五类金融和类金融牌照（持股比例低于 5% 的参股投资不计入该统计范围），在金融牌照使用成效、资产证券化水平、资本收益能力等方面存在弱势。应厘清两大平台的功能定位，强化金融资源集聚功能和国有资本配置功能，服务其他国企，整体提升资本运作能力。

（四）市场化程度不高

近年来温州市持续实施国企改革，在提升主体信用评级、清退空壳企业、运用资本市场工具等方面取得了一定成效。当前，主体信用评级 AAA 国企 2 家，AA＋国企 4 家。但仍存在用工模式不统一、冗员过多等历史遗留问题，尤其面临高端人才缺乏、公司治理水平不高等问题，应进一步优化国企运营环境。

二、对策建议

（一）灵活实施国企混改战略，助力传统主业功能放大

1. 整合市县两级同类业务，做大规模提升竞争实力

纵向"以市带县"、横向市级同类业务合并优化，降低融资成本，避免同质化竞争和内耗。整合温州市各级国资创新平台，聚力服务国企在传统主业链条上拓展新业务。

2. 增加央地、省地混改合作，做强平台提升经营能力

梳理具有跨区域经营潜力的板块，通过引入同一产业的央企、省企战略

投资者，以及引入国家级、省级金融资本等财务投资者，提升主体评级和平台知名度，进一步提升开拓市场能力。

3. 吸引上下游企业参与混改，做优链条提升产业带动能力

挖掘潜在的链主型国企，"一链一策"牵头制定产业链工作方案，出台激励措施引导社会资本参与产业链建设。通过"混改+招商"模式与产业链优质企业新设主体，达到延链补链目的。

4. 设立员工持股平台，上下齐心增强内部协作能力

在完全竞争类国企、混改国企、投融资平台、拟上市国企试点设立员工持股平台，优化激励措施保障实效。采取"以岗定股"的策略，引育留科研人员、经营管理人员和业务骨干等关键岗位人才。

（二）协同构建产业基金矩阵，助力新主业培育发展

1. 对照产业图谱立足主业，打造基金矩阵

主动对接温州市"5+5"产业，结合自身优势成立产业基金，定向服务不同产业集群。在国企承担产业园、工业园建设改造背景下，探索"一国企一产业一园区一基金"（一家国企对接一个产业打造一个园区运营一只基金）运作模式，与万洋集团等民企合作，构建集孵化培育、招商运营、投融资配套等业务为一体的园区生态链。

2. 创新产业基金运作机制，增强基金灵活度

借鉴上海S基金试点经验，采用"F+S+D"（一级投资+二级投资+直接投资）基金配置策略。借鉴合肥"天使直投+投后扶持"模式，"投早、投小"孵化新主业。降低返投比例（西安等城市降到1倍，河南省可不设返投比例限制），放宽返投认定标准。

3. 统筹优选基金管理人，扩大基金招商实效

与知名国资创投机构合作设立温州市国资私募基金管理公司。省市县合力扩增基金规模，吸引头部基金管理机构或市场化母基金合作，依托其存量项目池，通过"后续轮次投资/S基金股权受让+产业招商"模式招引优质项目。

（三）聚力提升国资平台能级，助力资本运作能力提升

1. 集聚金融资源，提升综合服务能力

落实两大平台注册资金到位，参股公募基金、金融租赁等金融机构提高资本收益；控股融资租赁、保理等类金融机构，聚焦区域金融服务痛点，创新特色金融服务。例如，聚合温州银行、市融资担保公司、中韩人寿、基金公司筹划"银保担基"整体解决方案；金融租赁、融资租赁配合城发集团布局园区金融；保理配合现代集团发展供应链金融。

2. 依托光大金瓯，动态调整资本布局

借鉴深圳国资抄底上市公司资产的经验，推动光大金瓯的不良资产投行化处置业务在温州市落地，探索"不良资产+重组重整+债转股""不良资产处置/纾困专项基金+资本招商"等多种业务模式，借此导入与温州市国企主业相关的优质资产。

3. "一企一策"重组资产，推动国企上市做大

整合市县两级同类业务，做大功能类、公共服务类业务体量，规避同业竞争。寻求跨省市合作，采用并购方式获取人才、技术、品牌等高端要素，剥离非经营性资产，做强竞争类业务。用好浙江东日上市平台，装入国资体系内相关业务板块，提升资产证券化率。

4. 运用金融创新工具，盘活存量引入增量

城发集团和交发集团等可探索发行基础设施公募 REITs、收益权类 ABS；交运集团等可抢抓政策性开发金融工具窗口期，获取项目资本金支持；国投公司、国金公司可探索双创中期票据、双创债、债转股专项债，补充股权投资基金缺口。可发行境外美元债，突破国内发债额度限制，快速获取低成本融资。

（四）定向破解体制机制痛点，助力激发国企内生活力

1. 跨区域共建人才集团，保障国资人才市场化竞聘

探索与沪深等地高能级人才平台合作设立温州市级人才集团，依托该集

团建设"人才飞地",加大高端人才引进,增加资源共享和交流互动,同时整合两地及市县两级人才服务资源和政策,打造全周期全链条"一站式"人才服务。

2. 完善政企结算机制,保障国资功能性布局

探索公共服务类业务创新运营模式,实现业务自平衡。方式一是采用"基建＋资源补偿"模式。国企平台承接公益性项目,政府通过土地资源、特许经营权、国有股权等资产注入方式进行资源补偿。方式二是借鉴苏州城投经验,将公益性项目与经营性项目打包交由国企平台经营。

3. 建立经营投资容错免责机制,保障国资市场化运营

按"总体判定标准＋具体事项清单"模式明确容错界限和程序,对未能实现改革预期目标但尽职尽责且未谋取利益的经营投资行为,不做负面评价并免究相关责任。

4. 推进数字化平台建设,保障国资系统化监管

纵向集成市县两级国资的项目、资产、债务、投融资等关键数据,横向对接审计、税务、产权交易等政府部门数据,及时掌握国资注册信息、产权信息等数据变化,实现全链条实时监测。在该平台基础上建立国企债务风控"资金池",实现国资使用的数字化管理,服务各级国企及下设公司短期资金调剂,提高国企临时性闲置资金的使用效率。

第三节 高质量发展是金融集聚凝心聚力的发展

杭州、宁波等区域中心城市的虹吸作用,以及"钱塘江金融港湾发展实施计划(2021—2025年)"的启动,导致温州市金融产业面临较大区域竞争压力。温州市应加快推进滨江商务区(CBD)建设"金融城",推动金融集聚区升级建设为中央金融商务区(CFD)。

一、现状与问题

（一）金融生态较单一

全国各地普遍将金融集聚作为 CBD 的核心功能，配合总部经济以"产业 + 金融"方式提升 CBD 的经济辐射力。该功能定位现实可行，但同质化导致非一线城市的 CBD 建设面临金融要素、总部资源稀缺等现实困难。温州市亦不例外，当前滨江 CBD 有银行总分行 11 家，金融生态较单一，产业发展潜力待挖掘。下一步要统筹规划，聚全域力量打造区位、要素、政策、业态、创新五大优势。

（二）财富管理需求旺盛

居民收入持续增长是近年来各大城市打造财富管理中心的重要基础，如青岛依托财富管理金融综合改革，成功跻身全球金融中心指数榜单（GFCI，位列上海、北京、深圳、广州、成都之后）。温州市丰裕的民间资金是发展创新财富管理的"沃土"，在外温商资本、华侨华商资本体量庞大，财富管理需求旺盛。下一步要整合存量，汇聚增量，用好流量，打造民间资金集散地。

（三）科创项目稀缺

优质科创项目是各地争抢的"香饽饽"，温州市等非一线城市在市场、技术、人才等配套要素方面不具有先天优势，科创项目稀缺成为制约科技金融发展的主要因素。下一步要用好资本招商模式，打好老乡牌。

（四）养老金融创新不足

人口老龄化问题使得养老金融存在巨大需求，抢占该发展先机是滨江 CFD 提升影响力的重要抓手。除了本地居民，温商侨商一代二代"叶落归根"，资本和养老的双重属性是温州市培育养老金融生态的厚实基础。既要聚焦养老保险"主战场"，又打好养老理财和养老目标基金"攻坚战"。

（五）头部资管机构短缺

合格境内有限合伙（QDLP）与合格境内投资企业（QDIE）为境内资金进行境外投资提供路径，自2012年起上海、深圳、重庆、海南等城市先后申请 QD 系列试点。QDLP/QDIE 试点属于同类型制度安排，QDLP 主要引入境外机构在境内设立投资管理企业，QDIE 主要针对符合条件的境内投资管理公司，境外机构也可申请。实践中，QDIE 的主体资格、投资范围较广泛，投资门槛较低，可做优先考量。根据各地经验，QD 系列试点招引国内外知名金融机构具有显著优势。

（六）引导基金受限较多

国有资本是推进滨江 CFD 金融要素集聚的重要力量，政府引导基金可作为主要路径。当前，温州市有科技创新创业投资基金等三支市级引导基金。与"清科2021年中国政府引导基金50强"第一梯队的引导基金相比，在制度创新探索上仍存在一定差距。

（七）总部经济引力不强

提升资本市场服务能力是滨江 CFD 集聚上市公司、做好产业金融的关键，为此要政策先行，产业为基，服务为本，治理为要，以化解世界500强企业、上市公司倾向选择一线城市建设总部的现状。

（八）金融科技创新显滞后

中国人民银行2019年启动金融科技创新监管试点，北京、上海、杭州等6市（区）相继申请。滨江 CFD 是温州市培育金融科技业态的最佳试验区，下一步要与国内外顶尖金融科技公司合作，顶层设计、技术支持滨江 CFD 开展创新探索，积极申请各类创新监管试点。

（九）金融品牌亮点不突出

创建金融品牌，是塑造金融机构良好形象，培育和提升金融机构核心竞争力、实现高质量发展的重要路径。目前百姓金融消费升级迭代的新需求无法得到有效满足，滨江 CFD 下一步要打造金融金字招牌，用优质特色金融产品和服务，为高质量发展提供原动力。

（十）管理体制较落后

滨江商务区开发建设进度明显滞后，关键原因在于管理体制与其开发建设任务不匹配，导致"小马拉大车"。下一步要制定规划、明确权责，兼顾公平和效率。

二、对策建议

（一）集聚金融要素，打造金融产业"金名片"

1. 突出核心区位优势

明确滨江 CFD 作为"一区二岛二中心"（滨江 CBD 金融集聚区、七都国际未来科技岛、平阳南麂基金岛、温州科技金融中心、温商华侨资产管理中心）的核心引领地位，形成金融、资本、科技、人才等要素集聚优势，并避免与市内其他金融集聚区的资源内耗和"拉锯战"。

2. 打造金融政策洼地

将滨江 CFD 作为温州市各项金融政策创新的试点，夯实普惠金融、产业金融，做强财富管理，培育科技金融、养老金融等新金融业态。

3. 顺应金融科技趋势

依托温州市金融综合改革和浙江省数字化改革的先发优势，以地方金融整体智治赋能滨江 CFD 的服务和监管体系提质增效。

（二）汇聚民间资金，做强财富管理

1. 集聚财富管理资源

用好减税降费、租金减免、入驻奖励的组合拳政策，筛选、整理并集聚原本分散在温州市不同区域的传统金融机构财富管理部门、第三方财富管理公司、家族信托办公室等财富管理机构。

2. 吸引知名创投机构

用好温州"朋友圈"和亲清政商关系，吸引知名温商创投有限合伙人（LP）入驻滨江 CFD，以名人效应拉动在外温商资金回流。

3. 汇聚华侨华商资金

加强和丽水等地侨联的联动，借鉴杭州华侨基金模式，由华侨华商、外资机构和国资企业发起设立华侨基金，为侨商资金回归投资搭好通道。支持侨商购买政府引导基金的子基金份额。

（三）招引科创项目，培育科技金融

1. 用好头部效应

政府引导基金要开拓与头部（尤其行业细分赛道的头部）私募基金管理人（GP）的全方位合作，依托头部 GP 的项目资源和渠道优势，借鉴合肥"以政府基金为主导、以产业招商为先导"的资本招商经验，灵活设计引导基金投资方式，精准招引数字经济、智能装备等五大战略性新兴产业的"独角兽"企业和拟上市公司迁入滨江 CFD 并在温州上市。

2. 用好"鲶鱼效应"

发挥头部 GP 入驻后带来的"鲶鱼效应"，鼓励头部 GP 牵头组建或加入温州市现有行业协会，定期交流先进经验，推动本土优质 GP 增强规范性和专业性，打造梯度有序、功能互补的创投方阵，助力打造"天使投资之城"。

3. 用好示范效应

借助企业、商会、协会、侨团的力量，整合头部 GP、温商 LP 的资源，采用一事一议等方式招引知名的温商系科创公司，加大宣传力度，为温商回归助力战略性新兴产业发展提供示范效应。

（四）创新养老金融，占领金融"蓝海"

1. 引进保险机构

采取地方政府入股等方式加大力度引进保险机构，支持保险机构布局保险养老社区，开展老年人住房反向抵押养老保险。联合保险机构向银保监会申请开展长期护理保险等养老保险相关试点。借鉴珠海横琴的"保险＋康养"创新模式，与温州市康养医养产业协作开发区域特色养老金融产品、跨境养老金融产品。

2. 开发理财产品

借鉴武汉、成都等地经验，联合国内知名银行理财子公司向银保监会申请开展养老理财产品试点，为居民提供长期、稳健、普惠的养老理财产品。支持公募基金、信托公司在滨江 CFD 开展养老金融产品路演和养老金融投资者教育活动。

（五）申请 QDIE/QDLP 试点，吸引头部资产管理机构

根据各地经验，QD 系列试点招引国内外知名金融机构具有显著优势。要植根温州市需求，引进对口机构。优先引进温州市侨民侨商人数较多国家的资产管理机构，联动开展 QFLP 工作，提供跨境投融资双向便利。借鉴青岛经验，支持温州银行等本地法人金融机构与外资机构设立合资子公司，联合创新跨境金融产品。申请成功后，可在滨江 CFD 率先推行，有助于头部资产管理机构入驻该区域，待模式成熟后向全域推广。

（六）突破引导基金限制，发挥国有资本"四两拨千斤"作用

鼓励引导基金管理部门迁入滨江 CFD，降低门槛、加大直投、优化架构，助力引进头部金融机构、孵化优质项目。一是参考青岛、河南等省市的政策突破，降低引导基金的返投比例，扩大返投认定标准，提高引导基金的出资比例和子基金的容亏率，以此增强头部 GP 的合作意愿，吸引其入驻滨江

CFD；二是参考青岛国资公司联合外资发起设立意才证券的经验，灵活采用政府直投方式，加大力度引进头部资产管理机构和财富管理机构，以及其他持牌金融机构；三是借鉴武汉经验，创新针对滨江 CFD 优质项目的投贷担数字化联动业务，开展由政府引导基金提供股权融资、政府性融资担保机构提供政策性担保、银行提供普惠金融贷款的三方联动业务，助推科技金融和产业金融发展。

（七）健全中介服务体系，做大做强上市公司

1. 另辟蹊径，打造投融资总部经济

将滨江 CFD 作为温州市资本市场服务和供应链金融政策的先行试点，配合资本招商、减税降费、补贴奖励等招商政策，鼓励本地上市公司和龙头企业、外部"独角兽"企业和拟上市公司将投融资总部迁入滨江 CFD。

2. 集聚域内顶尖中介服务资源

引入头部的律师事务所、会计师事务所、资产评估机构、投资咨询企业等中介服务机构，迁入银保监局、证监局、人民银行等金融监管部门，争取权威行业组织、金融教育机构、金融仲裁机构入驻。

3. 升级金融综合服务平台

当前，该数字化平台主要撮合银企之间的信贷投放。借鉴北京和苏州模式，增加上市培育、上市管家、上市风险监测、并购投顾、再融资、市值管理、战略咨询等一站式综合性智能服务。

（八）紧抓数字化改革，申请金融科技创新试点

1. 优化金融服务

制定专项政策，重点支持财富管理机构和资产管理机构开展投资研究、资产配置、营销、风险控制等业务的数字化转型。

2. 完善金融治理

依托温州市"金融大脑"、温州市金融综合服务平台等政府数字化平台，打造滨江 CFD 的金融智治高能级平台，集成建设业务监管系统、风险预警处

置系统、金融服务系统、金融智治"神经中枢"（数据治理），实现地方金融治理的数字化决策。

3. 加强金融创新

数字人民币试点城市已扩至深圳、大连等 11 地，数字人民币试点场景已超过 800 万个。积极申请试点城市，在滨江 CFD 全域开发零售交易、生活缴费、政务服务等数字人民币试点场景。

（九）建设财富管理智库，做好特色金融品牌

借助周边会展中心的区位优势、文化创意产业的协同发展优势，引进国内专业团队建设财富管理智库，在三个方面做好滨江 CFD 的财富管理品牌。

1. 举办活动，推动交流

举办全国数字化财富管理服务高峰论坛、中国民间资本论坛等高端金融峰会，将滨江 CFD 作为永久会址，"聚人气、树品牌"。成立滨江 CFD 金融行业联盟，定期举办同业沙龙、政策宣讲等交流活动。

2. 打造平台，吸引流量

借鉴开源证券投资教育基地、重庆金融历史博物馆等经验，建设集金融文化、金融历史、金融教育、金融会展、资本招商及文旅宣传为一体的金融地标特色平台，为滨江 CFD 吸引流量。

3. 发布成果，建构形象

撰写《中国数字化财富管理发展报告》《中国民间资本发展报告》等蓝皮书，建立全国财富管理人才数据库。试点滨江 CFD 金融人才引进专项政策，提升温州长三角金融人才服务中心的服务层次和专业性，协调金融人才政策的落地实施，定期组织高层次金融人才交流活动。

（十）强化顶层设计，破解体制机制"痛点"

1. 健全管理体制机制

组建专职管理委员会，做好顶层设计，具体制定滨江 CFD 的金融产业远景规划和专项政策，明确市域内各金融集聚区的分工，杜绝"内卷""内

耗"。完善税收、人才、租金等方面激励措施，建立长效机制确保政策的持续实施，树立政务服务"好口碑"。

2. 完善联席协商制度和定点帮扶制度

建立由政府职能部门、金融监管部门派出机构和当地司法机关组成的金融风险防控联席会议制度，推进金融风险预警体系建设；建立首席代表"一键呼"机制，指定政府部门工作人员及时为金融机构和企业解决重难点问题、提供政策咨询服务，解决当前入驻机构面临的"有人引、无人管"问题。

3. 更新考核和统计规则

明确各级政府部门在滨江 CFD 建设运行中的绩效考评任务，合理划分税收分成等业绩归属，调动各部门协同管理的能动性。

参考文献

［1］丁红英．居民杠杆率与消费增长关系的实证分析：基于我国省际面板数据［J］．商业经济研究，2019（6）：45－48．

［2］何晓斌，徐旻霞，郑路．房产、社会保障与中国城镇居民家庭的风险金融投资：相对剥夺感和主观幸福感作为中介的一项实证研究［J］．江淮论坛，2020（1）：98－109．

［3］何兴强，杨锐锋．房价收入比与家庭消费：基于房产财富效应的视角［J］．经济研究，2019，54（12）：102－117．

［4］黄宝竹，陈享光．家庭财务杠杆率对居民消费的影响：基于中国家庭追踪调查数据的研究［J］．南方金融，2023（2）：49－60．

［5］蒋明春．现金流量表剖析［C］．新世纪 新思考，1999．

［6］况伟大．房价变动与中国城市居民消费［J］．世纪经济，2011（10）：21－34．

［7］李春风，刘建江，陈先意．房价上涨对我国城镇居民消费的挤出效应研究［J］．统计研究，2020（12）：32－40．

［8］李金铭．山东省地方政府债务问题研究［D］．甘肃：兰州财经大学，2023．

［9］李拉亚．宏观风险配置的行为机制和测度分析［M］．北京：经济科学出版社，2023．

［10］李拉亚．宏观审慎管理的理论基础研究［M］．北京：经济科学出

版社，2016.

[11] 李扬，张晓，常欣，等．中国国家资产负债表（2018）［M］．北京：中国社会科学出版社，2018.

[12] 李扬，张晓晶，常欣，等．中国国家资产负债表：理论，方法与风险评估［M］．北京：中国社会科学出版社，2013.

[13] 李扬，张晓晶，等．中国国家资产负债表（2020）［M］．北京：中国社会科学出版社，2021.

[14] 刘向耘，牛慕鸿，杨娉．中国居民资产负债表分析［J］．金融研究，2009（10）：107－117.

[15] 启洁，李晓静，张曾莲．国家资产负债表的编制及风险分析［C］．第三届"公共管理、公共财政与政府会计跨学科论坛"暨第五届"政府会计改革理论与实务研讨会"摘要集，2014.

[16] 唐升，周新苗．中国系统性金融风险与安全预警实证研究［J］．宏观经济研究，2018（3）：48－61，117.

[17] 王民兴．如何由现金流量表进行企业偿债能力分析［C］．2000年晋冀鲁豫鄂蒙六省区机械工程学会学术研讨会论文集（河南分册），2000.

[18] 吴成颂．我国金融风险预警指标体系研究［J］．技术经济与管理研究，2011（1）：19－24.

[19] 吴季钊．地方政府综合负债率上限及债务可持续性研究：以重庆市为例［J］．经济研究导刊，2023（5）：119－123.

[20] 西南财经大学．中国城市家庭财富健康报告［R］．2018.

[21] 薛晓玲，臧旭恒．房价变动影响我国居民消费的中介效应分析：基于家庭财富配置的视角［J］．山东大学学报（哲学社会科学版），2020（6）：102－112.

[22] 颜生起．现金流量表的分析与运用［J］．煤炭经济管理新论，2002（2）：254－255.

[23] 张晓晶，刘磊．国家资产负债表视角下的金融稳定［J］．国际货币

评论，2018（2）：85 - 86.

[24] 张学超. 住房价格对居民消费的时变效应研究 [J]. 价格理论与实践，2020（2）：63 - 66.

[25] 赵玥. 地方政府或有债务信息披露与风险防范：基于地方政府投融资平台视角 [C]. 中国会计学会、政府会计理论与实务研讨会论文汇编，2010.

[26] 中国人民银行调查统计司城镇居民家庭资产负债调查课题组. 中国城镇居民家庭资产负债调查 [J]. 中国金融，2020（9）.

[27] 朱诗娥，顾欣，陈先意. 高房价是否挤压了城镇居民的消费需求？[J]. 消费经济，2021，37（4）：84 - 93.

[28] Acharya V V，Brownlees C，Engle R，et al. Measuring Systemic Risk [M]. World Scientific Book Chapters，2013：65 - 98.

[29] Adrian T，Brunnermeier M K. CoVaR [R]. NBER Working Papers No. 17454，2011.

[30] Barrell R，Davis E P，Karim D，et al. Bank Regulation，Property Prices and Early Warning Systems for Banking Crises in OECD Countries [J]. Journal of Banking & Finance，2010，34（9）：2255 - 2264.

[31] Brownlees C T，Engle R. Volatility，Correlation and Tails for Systemic Risk Measurement [M]. WP NYU-Stern，2012.

[32] Davis E P，Karim D. Comparing Early Warning Systems for Banking Crises [J]. Journal of Financial Stability，2008，4（2）：89 - 120.

[33] Hakkio C S，Keeton W R. Financial Stress：What is It，How Can it be Measured，and Why Does it Matter？[J]. Economic Review-Federal Reserve Bank of Kansas City，2009，94（2）：5.

[34] Huang X，Zhou H，Zhu H. Assessing the Systemic Risk of a Heterogeneous Portfolio of Banks During the Recent Financial Crisis [J]. Journal of Financial Stability，2012，8：193 - 205.

[35] Illing M, Liu Y. An Index of Financial Stress for Canada [R]. Bank of Canada Working Paper, 2003: 2003 – 2014.

[36] Mian A R, Rao K, Sufi A. Household Balance Sheets, Consumption, and the Economic Slump [J]. The Quarterly Journal of Economics, 2013, 128 (4): 1687 – 1726.

[37] Yao J, Fagereng A, Natvik G J. Housing, Debt and The Marginal Propensity to Consume [R]. Working Paper, 2015: 47 – 62.

后　记

　　本书在编写组成员的共同努力下，终获付梓出版，在此对全体成员的辛勤付出表示感谢。全书由李拉亚教授指导，汪占熬博士提出写作提纲、负责组织协调，郑成思及邢宏洋博士负责书稿的统稿、修改及最后的定稿。全书分三篇，共十二章，各章作者如下：第一章由刘慧慧、陈习定、李琳等完成，第二章由汪占熬、张琼心、邢宏洋、郑成思等完成，第三章由仇朝倩、傅亨妮完成，第四章由王佰茹、姚梦完成，第五章由李姿毅、鲍风雨完成，第六章由张慧哲、陈籽亦完成，第七章由潘树彦、王思佳完成，第八、九、十章由杨福明、叶茜茜、张琼心等完成，第十一、十二章由汪占熬、郑成思、陈凯鸣、安利花等共同完成。

　　鉴于对资产负债表和资金流量表的研究是一项复杂而又艰巨的工作，尤其是地区资产负债表与资金流量表的编制。本书借鉴国家金融与发展实验室编制资产负债表的经验完成温州地区资产负债表的编制；同时，在该实验室专家指导与合作下，首创一套温州市资金流量表的编制方法。由于资产负债表反映存量问题，资金流量表反映的是流量问题，如何将资产负债表和资金流量表有机地结合在一起是本书讨论的主要问题。另外，文中资产负债表与资金流量表的某些缺失数据是由研究者经过合理推导得出，所以可能与统计局编制的资产负债表和资金流量表有所不同，本书结论仅作为参考。本书写作过程中，研究视角、观点及结论不可避免地会受到作者自身经历、学识水平等因素影响，编写组很难将温州各个部门资产负债表与资金流量表的各方面研究都思虑周全，错误和遗漏在所难免，敬请读者赐教。

本书研究及撰写过程中得到温州市委人才工作领导小组办公室、国家金融与发展实验室、温州市统计局、温州市人民政府金融工作办公室及中共温州市委政策研究室等单位的大力支持，并参考了大量中外文献资料，在此对上述单位和文献作者表示衷心的感谢。

编写组
2023 年 10 月于温州商学院